지쳐 있는 당신에게

Anselm Grün
QUELLEN INNERER KRAFT
Erschöpfung vermeiden – Positive Energien nutzen

Translated by Whang Mi Ha
Korean translation copyright © 2020 by Benedict Press, Waegwan.
Korean translation rights arranged with Verlag Herder GmbH.

지쳐 있는 당신에게
내 안에 숨겨진 힘의 원천 발견하기

2020년 4월 16일 교회 인가
2020년 5월 21일 초판 1쇄

지은이   안셀름 그륀
옮긴이   황미하
펴낸이   박현동
펴낸곳   성 베네딕도회 왜관수도원 ⓒ 분도출판사
찍은곳   분도인쇄소

등록   1962년 5월 7일 라15호
주소   04606 서울 중구 장충단로 188 분도빌딩 102호(분도출판사 편집부)
          39889 경북 칠곡군 왜관읍 관문로 61(분도인쇄소)
전화   02-2266-3605(분도출판사) · 054-970-2400(분도인쇄소)
팩스   02-2271-3605(분도출판사) · 054-971-0179(분도인쇄소)
홈페이지   www.bundobook.co.kr

978-89-419-2006-9   03230

지쳐 있는
당신에게

안셀름 그륀 지음 · 황미하 옮김

분도출판사

차례

서문

탈진한 사람을 만나면 늘 관찰하게 되는 점이 있습니다. 그들은 체념한 데다 기력도 떨어졌으며, 말 그대로 숨 가쁜 생활을 하고 있습니다. 그들은 숨 돌릴 틈이 필요하다고 호소합니다. 탈진한 사람을 영적으로 동반하다 보면 그들이 새로운 희망을 간절히 얻고 싶어 한다는 점도 알게 됩니다. 그들은 지금과 같은 상태로는 무언가를 길어 올릴 샘이 자신 안에 더는 없음을 명확히 자각합니다. 이러한 맥락에서 바짝 마른 샘의 모습이 선명히 떠오릅니다. 우리를 살아 움직이게 만들던 무언가가 갑자기 더 이상 존재하지 않습니다. 탈진한 사람은 스스로 텅 비고 말라 버렸다고 느낍니다. 그들은 더 이상 창의적이지 않습니다. 창의성을 잃었습니다. 그들은 자기 자신을 자각하지 못합니다. 그들은 불만족스럽고 지쳤습니다. 자신에게 무언가를 끊임없이 요구하는 이들에게 짓밟히는 기분도 자주 듭니다.

최근 들어 사람들은 '탈진'만 아니라 '소진'(burnout)에 관해서도 언급합니다. 여기서도 사람들은 똑같은 것을 체험합니다. 더 이상 기력이 없고 자신 안에서 활력을 느끼지 못하며, 특히 타인을 돕는 직업을 가진 사람들이 이러한 현상을 겪습니다. 또한 무거운 책임을 지고 높은 성취 압박을 받는 이들도 위태롭습니다. 예컨대 축구 감독 오트마르 히츠펠트는 대중들의 높은 기대치로 부담스러운 상황에서 독일 국가 대표 팀을 맡아 보겠느냐는 제안을 받자 이를 고사했습니다. 배터리가 다 되었다는 이유에서였습니다. 한 경영자는 말합니다. "마치 로켓처럼 다 타 버린 기분입니다." 누구나 알고 있듯 연료가 다 탄 로켓은 더는 아무 쓸모가 없습니다. 자동차야 몰고 가다가도 기름이 바닥날 것 같으면 주유소에 들러 돈을 내고 다시 채울 수 있습니다. 배터리도 다시 충전할 수 있습니다. 하지만 우리 인간은 기계가 아닙니다.
　무력하다 느낀다면, '마지막'에 이르렀다 느낀다면 우리 영혼의 에너지는 어떤 상태에 있을까요? 어떻게 해야 우리 삶의 원천을 되찾을 수 있을까요?

탈진한 이들, 소진된 이들은 에너지를 길어 올릴 수 있는 원천을 갈망합니다. 한 생수 회사가 이런 문구를 내걸고 대대적으로 광고했습니다. "나의 에너지원源!" 다른 생수 회사는 "순수한 힘의 원천!"이라는 슬로건을 내걸었습니다. 이러한 말들은 생명, 활기, 매력, 젊음, 건강과 같은 가치를 연상시킵니다. 분명 이는 모두 싱싱함과 생생함을 향한 사람들의 갈망에 부합하는 것들입니다. 오늘날 많은 경영자 과정에서 무엇보다 강조하고 있는 점은 다시 '연료를 가득 채우기', '배터리를 충전하기', 내적 힘의 원천과 접촉하기입니다. 요즘 심리학에서는 정신적 자원에 대해 자주 언급합니다. 여기에서 '자원'(Ressource)이란 말은 프랑스어에서 나왔는데, 사람들이 도로 붙잡을 수 있는, 의지할 수 있는 어떤 현존을 가리키고, 또한 물을 길어 올릴 수 있는 저수지도 의미합니다. 원래 이 단어는 '다시 일어나다'(resurgere)라는 뜻의 라틴어에서 유래했으며, 이는 성경에서 예수님의 부활을 지칭하며 쓴 바로 그 표현입니다.

자원은 대개 두꺼운 껍질 속에 숨어 있습니다. 일단 겉으로 드러나야 합니다. 모든 힘이 모여 있는 내적 근원에 이르면 에너지가 나의 생각과 행동 안에 흠뻑 흘러듭니다. 또 내 안에서 무언가가 피어납니다. 잠재력에 찬 이 근원은 우리 안에 저마다 있습니다. 그렇지만 이 근원을 감싼 단단한 껍질을 부수려면 침묵이 필요합니다. 침묵해야 이 근원이 우리 삶을 꽃피우고 풍성한 열매도 맺게 해 줄 것입니다.

자신을 살아 움직이게 해 주던 샘이 흐려졌다고 느끼는 사람들이 많습니다. 그들의 샘은 삶을 쇄신하는 힘을 잃었습니다. 영혼에 좋지 않은 영향을 미치는 태도들로 흐려졌습니다. 맑은 원천을 밖으로부터 오염시킨 감정들로 탁해졌습니다. 그래서 사람들은 활기를 돋우고 생기를 전해 줄 어떤 맑은 것을 갈망합니다. 강연에서 물을 길어 올릴 샘에 대해, 특히 영적 원천에 대해 설명할 때면 늘 받게 되는 질문이 있습니다. "어떻게 해야 '성령의 샘'이라는 그 내적 힘과 접촉할 수 있을까요?"

그런데 그런 질문의 이면에서 감지되는 게 있습니다. 자신의 삶을 병들게 하는 상황을 사람들이 의식적으로든 무의식적으로든 어느 정도 알아채고 있다는 사실입니다. 그들은 자신을 건강하게 하고 기운 나게 할 무언가를 갈망합니다.

다른 한편으로 더는 샘이 잘 솟지 않는다고 느끼는 사람들도 있습니다. 그들의 샘은 곧 바짝 말라 버릴 것만 같습니다. 그 샘물은 땅속 어딘가로 스며들고 있습니다. 예언자 예레미야는 '갈라진 저수 동굴'을 비유로 듭니다. 그 물은 주변 땅으로 새 나가 쓸모없습니다. 성경은 하느님을 다함없는 원천으로 묘사합니다. 예레미야는 이스라엘 백성을 질책합니다. 그들이 생수의 원천이신 하느님을 저버렸고, "제 자신을 위해 저수 동굴을, 물이 고이지 못하는 갈라진 저수 동굴을 팠다"(예레 2,13)며 꾸짖습니다. 이 비유는 오늘날도 많은 사람에게 유효합니다. 그들은 자신이 길어 올린 물이 어디에 있는지 모릅니다. 그 물은 어딘가로 샜습니다.

우물과 샘은 독일 문화에서 근본적 상징에 속합니다. 물 없이는 살 수 없기 때문입니다. 1913년 이곳 뮌스터슈바르차흐로 이주해 온 수도자들은 먼저 우물을 팠습니다. 5미터를 파 내려가자 물이 솟았습니다. 그러나 그것은 지표수에 불과했습니다. 물은 금세 말라 버렸고, 날이 더우면 그나마도 나오지 않았습니다. 게다가 아주 탁했습니다. 수도자들은 계속 더 파 내려가야만 했고, 80미터 깊이에 다다르자 결국은 지하수가 터졌습니다. 이 지하수는 지금도 끝없이 흘러나옵니다. 여름철에 물이 많이 필요할 때도 수위가 거의 내려가지 않습니다.

저 깊이 내려가지 않으면 탁한 물만 나옵니다. 나에게 이는 아름다운 상징입니다. 어쩌다가 얕은 샘이 맑아 보일 때도 있습니다. 우리가 그 샘물로 갈증을 달래기도 합니다. 하지만 얼마간 목을 축이고 나면 이내 고갈됩니다. 그것은 우리 영혼의 그저 표면에서 솟는 샘입니다. 우리 삶에 더위가 찾아오면 곧 말라 버리고, 또 밖으로부터 영향을 받아 끊임없이 혼탁해집니다. 더군다

나 어떤 샘들은 이미 안으로부터 탁해져서 사실상 에너지를 공급해 주지 못합니다. 그러니 깨끗한 물, 생기를 주는 물을 원한다면 표면에 머물러 있어서는 안 됩니다. 우리를 실로 생기 나게 하는 샘, 우리 삶을 열매 맺게 하는 샘, 우리 내면의 혼탁한 구석을 정화하는 샘에 도달할 때까지 거침없이 파 들어가야 합니다.

우리는 일상에서 두 가지 상이한 체험을 합니다. 때로는 많은 일과 활동을 하면서도 탈진하지 않습니다. 가령 휴가지에서 눈부신 아침 햇살에 눈을 뜬다면 산에 오르거나 들길을 걷고 싶은 마음이 절로 들 것입니다. 그런 날에는 아무리 고되도 즐겁습니다. 그렇지만 아무것도 하고 싶지 않은 날도 있습니다. 싫증 난다고, 탈진했다고 느낍니다. 아무것도 내키지 않습니다. 간혹 의욕 저하도 우리를 위축시킵니다. 오늘은 무엇이 자신을 기다리고 있을지 전혀 알고 싶지 않습니다. 직장 동료에 대한 불안은 우리를 멈춰 서게 만들 수 있습니다. 직장에서 느끼는 압박은 우리의 에너지를 몽땅 빼앗습니다. 그때 우리는 묻게 됩니다. "어디서 힘을 길어 올릴 것인가?"

우리는 자신에게서 관찰할 수 있습니다. 때로 우리 안에서 에너지가 솟아 흐르며, 그로써 우리 주위에도 꽃이 피어납니다. 하지만 우리는 반대의 경우도 알고 있습니다. 자신이 탈진했다고 느낍니다. 불만족스럽고 마음이 씁쓸합니다. 우리는 거기서 벗어날 수 있습니다. 우리가 탈진했다면 그것은 흐린 샘에서 물을 길었기 때문입니다.

　탈진한 것은 피로한 것과 의미가 좀 다릅니다. '극도의' 피로를 겪습니다. 우리는 힘들게 산에 올랐다가 집에 돌아오면 '대단히' 피로합니다. 그러나 피로해도 기분은 좋습니다. 자기 자신을 지각합니다. 자신이 해낸 것을 감사히 여기고, 스스로 살아 있음을 느낍니다. 온종일 고되게 일했다면 당연히 피로할 것입니다. 하지만 이 피로는 감사로 채워질 수 있습니다. 긍정적 감정은 우리에게 큰 영향을 미칩니다. 다른 사람들을 위해 애쓰는 것은 가치 있고 보람된 일입니다.

물론 피로는 일의 결과와도 연관이 있습니다. 목표를 이뤘을 때는 건설적 피로가 몰려올 것이고, 반면 이루지 못했을 때는 불만족스러울 것입니다. 탈진과 씁쓸함, 불만족과 허무를 느낀다면 우리는 적어도 이렇게 자문해 봐야 합니다. "우리는 어느 샘에서 물을 길어 올렸는가?" 그렇지만 우리가 다시 흐린 샘에서 물을 긷는다고 해도 결코 이상한 일은 아닙니다. 아주 자연스러운 일입니다. 그때 우리의 과제는 이를 자각하여 더 깊이 파 내려가는 것입니다. 그로써 우리는 맑은 샘, 우리를 생기 나게 하는 샘에 이릅니다.

샘은 예로부터 매혹적인 면이 있었고, 특별한 장소로 사람들의 마음을 끌었습니다. 물은 활력을 선사하고 삶을 쇄신합니다. 샘물은 땅속 깊은 데서 나와서 오염되지 않습니다. 그래서 샘은 언제나 신성한 곳, 특별히 보호해야 마땅한 곳으로 여겨집니다. 샘물은 당장의 갈증을 해소하는 데 그치지 않습니다. 계속해서 솟아나면서, 그로써 삶을 끊임없이 쇄신하는 가능성이 됩니다. 이처럼 생기를 주는 샘은 종종 각별히 공경되었고, 더 나아가 신앙과도 연결되었습니다. 고대 종교에서 샘은 신적 힘의 근원이었습니다. 일찍이 고대부터 사람들은 외적 삶만 아니라 내적 삶도 샘에 달려 있다고 생각했습니다. 그리스신화에서 아폴론은 샘의 수호신, 곧 맑은 인식의 신이었습니다. 또한 맑은 샘은 격정에 오염되어 흐려지지 않은 맑은 사고에 대한 약속이었습니다. 샘터는 신탁의 장소이기도 했습니다. 사람들은 신의 지시에 따라 살아가고자 그런 곳을 순례했습니다. 이스라엘에서 우물은 신성히 여겨졌습니다. 오늘날도 많은 순례자가 시카르에 있는 야곱의 우물을 찾습니다. 그들은 그 우물에서 신선한 물을 길어 마시며, 예수님이 바로 그 우물가에서 사마리아 여인과 생수에 관해 대화를 나누신 모습을 떠올립니다. 그 밖에도 그 물로 씻으면 새로 태어나듯 젊어지며 헌것이 새것이 된다는 청춘의 샘에 대한 전설들도 있습니다.

그리스도교의 대중 신심은 샘에 얽혀 있는 사람들의 갈망을 이어 갔으며, 이를 성모 마리아 공경, 더 나아가 기적 체험과 연결 지었습니다. 프랑스 루르드처럼 성모 마리아가 발현한 장소에서는 물이 새로 솟습니다. 독일의 바트 엘스터나 뱀딩도 성모 순례지로, 작은 샘이 있습니다. 신심 깊은 순례자들은 그 샘에서 자신의 질병과 장애가 치유되거나 완화되기를 바라며, 또 삶의 방향을 새롭게 찾고자 합니다. 예로부터 사람들은 치유 능력이 있는 맑은 샘에서 건강하고 행복한 삶을 기대했습니다. 종교사와 대중 신심이 우리에게 보여 주는 것을 나는 이제부터 영적 · 치유적 차원에서 다루려 합니다. 치유되어 강건해진 삶, 길을 찾아 새로워진 삶을 바란다면 외적 원천을 지향하는 것만 아니라 내적 원천을 접촉해야 합니다. 이 내적 원천은 하느님께서 주신 것으로, 우리는 이 샘물을 마시고 생기를 얻어 강해집니다. 여기서 우리가 어떻게 해야 될지 묻는다면, 결국 중요한 것은 삶에 대한 올바른 기준입니다.

우리가 삶을 잘 살아갈지 아닐지는 우리가 길어 올리는 샘에 달려 있습니다. 그러므로 나는 이 책에서 늘 신선한 물, 생기 나게 하는 물로 우리 삶을 적셔 주는 샘에 대해 이야기해 보려 합니다. 나에게는 부모님으로부터 배우거나 날 때부터 타고난 여러 태도와 관점이 있습니다. 다른 한편으로 내게는 결코 마르지 않는 샘이 있습니다. 이 샘은 영원하며 신적입니다. 이 샘을 여기서 나는 성령의 샘이라 부릅니다. 많은 사람이 이 내적이며 순수한 원천, 성령의 샘을 갈망합니다. 성령께서 그들의 상처를 치유하시고 힘을 주시어 한없이 고된 그들의 삶을 극복하게 하십니다. 또한 삶에 대한 부정적 태도나 외부적 영향으로 이 내면의 샘이 위태로워진 사람들도 많습니다. 그래서 나는 많은 사람이 물을 긷고 있는 흐린 샘부터 살펴보려 합니다. 일단 흐린 샘을 분별해야, 이를 통과하여 우리 영혼 깊은 곳에 있는 맑은 샘을 향해 파고들 수 있습니다. 이 샘은 다함이 없습니다. 우리 자신으로부터 흘러나올 뿐 아니라, 결국은 하느님으로부터 나오기 때문입니다.

· 1 ·

흐린 샘

직장에서 받는 스트레스로 힘들다며 하소연하는 사람들이 요즘 많습니다. 어떤 사람들은 자신의 야망을 이루려 안간힘을 씁니다. 승진하기 위해 동료들을 배려하지 않습니다. 주위 사람들을 장기짝처럼 여기저기에 세우며 이용합니다. 이제 공격적 태도와 관철 능력은 리더가 갖춰야 할 당연한 자질입니다. 책임이나 부담을 감당하는 능력은 언제든 입증해야 할 자명한 덕목입니다. 압박에서 자유로운 사람은 아무도 없을 것입니다. 기업 대표들은 자신이 규정한 '최상품'을 내놓을 때까지 납품 업체 같은 협력자들을 압박합니다. 사람들이 그런 식의 지속적인 압박을 더는 견디지 못한다는 사실은 안중에 없습니다. 그러나 공격적인 태도로는 결코 최상의 성과를 낼 수 없습니다. 반대로 창의성을 가로막는 경우가 다반사입니다. 또한 불안, 의욕 상실, 탈진 같은 또 다른 문제를 만듭니다. 끊임없는 긴장 상태가 속까지 파고들어 병든 사람들이 많습니다. 고혈압이 국민병이 된 것도 사람들이 지속적인 압박을 더 이상 감당하지 못하기 때문입니다. 어떤 샘에서 물을 길어 올릴 수 있는지 제시하지 않은 채로 무언가를 해내라고 몰아댄다면 이것은 분명 과도한 요구이며, 이로써 우울증이 증가하게 됩니다. 흔히 우울증은 무리한 요구에 맞서 도와달라고 외치는 영혼의 소리입니다. 이제 사람들은 내면의 샘이 고갈되었을 때, 곧 소진되었을 때 이내 나타나는 소진 우울증에 관해 말합니다. 이 내면의 샘은 성급하게, 그리고 섬세하지 못하게 퍼 올려서 고갈되었습니다.

누군가가 일을 할 때 흐린 샘에서 물을 긷는지, 아니면 맑은 샘에서 물을 긷는지는 그가 발산하는 기운에서 알아챌 수 있습니다. 한 대기업에 다니는 직원에게 들었는데, 하루 14시간을 일하는 팀장이 있다고 했습니다. 그럼에도 그가 맡은 팀은 회사에서 불만이 가장 많았습니다. 이유가 무엇이었을까요? 그가 그토록 열심히 일한 이유는 비판받지 않기 위해서였습니다. 그는 동료들과 그들의 생각에는 관심을 기울이지 않았으며, 일을 방패막이로 삼았습니다. "당신도 나처럼 일을 많이 해야 합니다. 그래야 당신의 의견을 내놓을 수 있습니다." 누군가 이렇게 말한다면 그가 흐린 샘에서 물을 긷는 것으로 추정할 수 있습니다. 그는 동료에게 부정적인 의견을 들어서 자신이 불안해질까 봐 그토록 열심히 일한 것입니다. 아니면 아내와 자식들의 비판을 피하려고 일 뒤로 숨은 것입니다. 아이들이 아빠와 놀고 싶다고 하면 그는 말합니다. "아빠가 무엇을 꼭 더 해야겠니? 아빠는 할 일이 너무 많아!" 이러한 태도에서는 무엇인가 공격적인 것이 나옵니다. 사람들은 그래도 매일 악착같이 일할 수 있습니다. 그러나 악착이 행복을 불러오지는 않을 것입니다. 불만족과 씁쓸함만 자아낼 것입니다. 성령의 샘에서 물을 긷는 사람에게서는 무엇인가 가벼운 것, 생기 있는 것, 그리고 무언가를 열매 맺게 하는 것이 나옵니다. 그는 그 기운을 동료들에게도 퍼트려서 일에 대한 의욕을 얻게 합니다. 또한 일이 그로부터 생기를 얻을 뿐아니라, 그 자신이 내적으로 생기를 느낍니다. 그래서 그가 탈진되지 않고도 그로부터 생기가 흘러나오는 것입니다. 자신 안에 있는 이 순수한 원천을 발견하려면 우리는 먼저 흐린 샘을 마주해야 합니다. 흐린 샘을 통과하여 내려가면 우리는 영혼 저 깊은 곳에 있는 맑은 샘을 만날 것입니다.

부정적 감정
....

부정적 감정들은 우리가 물을 길어 올리는 샘을 흐려 놓습니다. 알다시피 우리가 느끼는 감정들은 삶에 다양한 영향을 미칩니다. 감정은 삶을 긍정적으로 물들이는가 하면, 부정적으로 물들이기도 합니다. 감정은 삶을 활기차게 하는 한편, 삶을 해체하고 파괴할 수도 있습니다. 감정이 삶에 부정적으로 작용하면, 결국 그 감정이 각인되어 우리의 태도와 행동을 규정하고 결정할 것입니다.

불안은 경고 역할을 하여 우리 삶에 긍정적 영향을 미칩니다. 반면 파괴적인 힘으로 우리를 제압하고 위축시켜 멈춰 서게 만듭니다. 만약 누군가를 불안에 찬 상태로 만나면 그것은 나에게 긴장 이상의 영향을 미칩니다. 나는 무슨 말을 해야 할지 전혀 모르게 되고, 말문이 막힙니다. 불안은 내가 평소라면 했을 일을 하지 못하게 가로막습니다. 남이 나를 규정하도록 그대로 둡니다. 남과 남의 판단에 대한 사회적 불안이 있는가 하면, 내가 무엇인가 잘못된 짓이나 책임질 일을 저지를지 모른다는 불안도 있습니다. 그래서 나는 책임을 지느니 차라리 아무것도 하지 않습니다. 반면 어떤 사람들은 아주 구체적인 공포에 시달립니다. 예컨대 시험 불안이 있습니다. 그 불안에 시달리는 사람들과 대화해 보면, 자신이 공부한 내용을 모두 알고 있습니다. 그런데 시험을 치를 때면 공황 상태에 빠집니다. 머릿속에 들어 있는 것이 떠오르지 않습니다. 그들은 자신의 사고가 끊긴 것 같다고 느낍니다. 불안은 우리를 점점 더 잠식하는 경향이 있습니다. 시험 불안에 시달리는 사람은 자신의 불안에 묶인 채로, 시험을 보기 한참 전부터 옴짝달싹 못합니다. 그는 더 이상 제대로 배우지 못하고, 가진 능력을 발휘하지도 못합니다. 불안은 힘을 빼앗습니다. 결국 그는 불안에 대한 불안을 얻고, 갈수록 더 출구가 안 보이는 상황에 빠집니다.

<u>명예욕</u>은 (도가 지나치면) 우리 힘의 원천을 흐리게 할 수 있습니다. 회복 가능성을 막을 수도 있습니다. 명예욕은 때로 긍정적입니다. 우리가 신중히 일하도록, 자신의 능력을 펼치기 위해 긴장하도록 도움을 줍니다. 하지만 마음의 감옥이 될 수도 있습니다. 이 감옥을 빠져나오기는 대단히 어렵습니다. 독일어로 '명예욕'(Ehrgeiz)이란 말은 '탐욕'(Geiz)에서 비롯되었습니다. 명예를 향한 탐욕, 위신을 향한 탐욕, 인정을 향한 탐욕, 명성을 향한 탐욕…. 탐욕스러운 사람은 자기 자신과 교류하지 못할뿐더러, 자신이 지금 무엇을 하고 있는지도 자각하지 못합니다. 그는 탐욕에 의해 움직입니다. 탐욕이 그의 힘을 북돋웁니다. 그는 그 힘을 더 깊은 곳에 있는 원천이 아닌, 그저 야욕에서 끌어냅니다.

그래서 자기 자신을 혹사하고 자신의 에너지원도 분별없이 써 버립니다. 명예욕 때문에 일은 종종 난관에 부딪힙니다. 타인을 희생시키더라도 가차 없이 일을 추진하는 사람들이 있습니다. 야욕에 찬 그들에게 관건은 자신의 명예, 자신의 출세뿐입니다. 반면 어떤 사람들은 그런 것을 중시하지 않습니다. 이제 직장 생활에서 강한 명예욕은 동력과 동기를 부여하는 특성, 곧 적극적 특성으로 인정받습니다. 그렇지만 명예욕은 파괴적인 결과도 불러옵니다. 이는 비단 직장 생활에만 국한되지 않고, 가정과 사적 영역에서도 과한 명예욕은 항상 해를 끼칩니다. 가령 내가 자녀 교육에 어떤 야망을 품었을 때, 나에게 관건은 자녀를 존중하고 자녀에게 주의를 기울이는 것이 아닙니다. 결국은 내가, 아이들을 내 뜻대로 하려는 나 자신이 관건이 됩니다. 곧, 아이들을 나 자신을 위해 이용합니다. 그것은 가족 구성원들을 힘들게 하는 하나의 흐린 샘입니다.

일중독은 오늘날 사회 전반에서 나타나는 병적 욕망입니다. 이 병적 욕망은 명예욕과 닮아 있습니다. 욕망이 강한 사람은 자신이 열광적으로 좇는 대상에 매여 있습니다. 그는 자신의 본질을 이루고 있는 것을 자각하기 두려워합니다. 그래서 무언가를 병적으로 좇으면서 무감각해지려 합니다. 일부 기업들은 일중독자를 관리자로 고용합니다. 기업들은 그것을 최선의 판단이라 여기는데, 일중독자라면 당연히 일을 많이 할 테고 이익을 가져올 것이기 때문입니다. 그렇지만 일중독자들은 비록 일은 많이 할지라도 아무런 도움이 되지 않습니다. 그들은 내적 공허를 감추기 위해 일이 필요한 것입니다. 그들은 분주히 일하지만 내적으로 경직되어 있습니다. 그들은 일과 적당한 거리를 두지 못하여 창의적이지도, 혁신적이지도 않습니다. 또한 앞을 내다보지도 못합니다. 그들에게 무엇보다 중요한 것은 끊임없이 일거리가 있는 것입니다. 그들은 자신이 유용하고 필요한 존재라고 여깁니다. 모든 일을 다 끌어안습니다. 그러나 별로 움직이지는 않습니다. 일중독은 흐린 샘입니다. 거기서 물을 긷는 사람은 자신은 물론, 주위 사람들까지 탈진시킵니다. 그가 하는 일은 본인에게도 타인에게도 축복이 되지 못합니다.

<u>완벽주의</u>는 또 다른 흐린 샘입니다. 모든 일을 빈틈없이 해내려고 하는 사람은 늘 압박을 받습니다. 그런 내적 압박이 그를 위축시키고, 결국 그의 에너지를 모조리 <u>빼앗</u>습니다. 완벽주의자는 일에 몰입하지 못합니다. 자신이 모든 일을 잘해 낼 수 있을까 계속 고심하기만 합니다. 그는 실수 없이 일해야 한다는 압박을 <u>스스로</u> 받지만, 이 압박은 이내 실수로 이어지고는 합니다. 완벽주의자는 일을 완벽히 처리해야 한다는 생각에 사로잡혀 있으면서, 때로는 주위 사람들의 평가에, 곧 남들이 자신을 어떻

게 생각하는지에 더 매여 있습니다. 두 집착이 그를 내적 원천과 차단합니다.

자기 증명 욕구 역시 널리 퍼져 있는 태도이며, 마찬가지로 우리를 지치게 만들 수 있습니다. 우리가 일에 관여하거나 사람과 관계를 맺지 않고 타인의 주목과 자신의 성공, 자기 증명에 집착하면 우리를 금세 탈진시키는 흐린 샘에서 물을 긷는 것입니다. 널리 알려진 영성가이자 대학교수인 헨리 나웬은 『제네시 일기』에서 트라피스트회 수도원장 존 뱀버거와 나눈 한 대화를 들려줍니다. 당시 그는 그 수도원에 머물며 삶의 방향을 새로 찾고 있었습니다. 그는 수도원장에게 털어놓기를, 강의를 하거나 내담자와 상담하고 나면 녹초가 되기 일쑤라고 했습니다. 수도원장의 대답은 명료했습니다. "당신이 지친 것은 당신 강의를 들으러 온 학생들에게 그들이 제대로 된 강의를 신청했음을 증명해 보이려 했기 때문입니다. 당신을 찾아온 내담자들에게도 그들이 꼭 맞는 상담자를 선택했음을 증명하려 했기 때문입니다. 이렇게 자신을 증명하려는 욕구가 당신을 지치게 하는 것입니다. 당신이 기도의 샘에서 물을 긷는다면 강의하는 게 그리 고되지는 않을 것입니다." 이 말은 내게도 크게 와닿았습니다. 나 역시 그랬습니다. 20여 년 전, 나는 사람들 앞에서 강연을 할 때면 종종 압박을 받았습니다. 내가 괜찮은 강연자임을 증명해 보이려 했

습니다. 강연이 끝나면 모든 사람이 만족한 얼굴로 돌아가야 한다는 지나친 욕심에 시달렸습니다. 그렇지만 내가 사람들에 대해 무엇인가 오해하지 않는다면 강연하는 게 힘에 부치지 않을 것입니다. 내가 나를 압박해서 힘든 것입니다. 타인보다 우월해야 한다는 명예욕이든, 자신을 증명해야 한다는 압박이든, 모든 사람을 만족시켜야 하고 모든 사람에게 인정받아야 한다는 자발적인 요구이든 그 모든 내적 태도는 탈진을 유발합니다. 내 마음을 움직이고 있는 것에 관해 진솔하게 말한다면 강연에 내 에너지를 뺏기지는 않을 것입니다. 오히려 사람들에게 말하면서 더 활기차고 더 새로워질 것입니다.

기대에 따른 자기 압박도 자주 나타나는 태도입니다. 교사들과 대화를 나누다 보면 빈번히 알게 되는 게 있는데, 그들은 수업 준비를 철저히 해야 한다고 생각합니다. 그들은 수업 직전까지 그렇게 해야 성에 차고, 그러니 시간이 정말 많이 필요합니다. 그러나 그런 식으로는 가르치는 일을 잘할 수 없고 일에 대한 의욕도 잃습니다. 그들은 창의성을 발휘하여 새로운 방식으로 수업을 해 볼 마음이 없습니다. 나는 그들에게 묻습니다. "되도록 잘해야 한다는 이 압박은 어디서 오는 것일까요?" "누가 이런 압박을 가하는 것일까요?" 그러면 그들은 답합니다. "그 책임은 학교에 있습니다." "교장은 교사들이 완벽하게 가르치기를 기대합

니다." "학부모들이 교사들을 들볶는 것만 같습니다." 내 생각은
조금 다릅니다. 결국 내가 나 자신에게 쉴 없이 압박을 가하는
것입니다. 내가 그 어떤 요구에, 내 초자아의 요구나 남들의 기
대에 복종하는 것입니다. 이런 경우 자신에게 이렇게 말한다면
자유로워질 것입니다. '내가 그 기대들을 반드시 채워 줄 필요는
없다!' 남들의 기대야 그들이 각자 잠재우면 됩니다. 그들의 기
대에 어느 만큼만 부응하려 하면 내 마음이 한결 가벼워질 것입
니다.

교사들과 비슷한 현상이 사제들에게도 나타납니다. 그들은 강
론을 앞두고 압박을 받습니다. 자신의 강론을 듣는 사람들에
게 인정받으려 하기 때문입니다. 고학력자에게 말씀을 전하려
는 사제들이 있는가 하면, 거리에서 마주치거나 공원에 앉아 있
는 보통 사람에게 말을 붙이려는 사제들도 있습니다. 어떤 사제
들은 특히 젊은이와 어울리며 그들만이 쓰는 말, 곧 격의 없는
신조어를 배우려고 애씁니다. 여기서 나는 궁금해집니다. '그들
은 자신의 강론을 듣는 사람들에 대해 어떤 환상을 가진 게 아닐
까?' 나는 확신합니다. 그런 사제들은 현실의 사람을 대상으로
하여 자신의 마음을 움직이고 있는 것에 관해 말하는 대신, 어떤
像을 만들어 냅니다. 흔히 여기에는 나름의 의도와 개인적 목
표를 내포한 기준, 무엇인가 특별한 것을 잘해 내야 한다고 압박

하는 기준이 있습니다. 사람들은 그 사제가 다른 무언가를 의도하고 있는지, 아니면 그 사제를 통해 말씀하려 하는 성령에게 스스로를 내드리고 있는지 정확히 알아차립니다.

내가 교사들과 사제들에게서 관찰한 모습은 공적으로 자신을 드러내야 하는 사람들, 가령 연설가, 정치가, 여러 리더들에게도 그대로 적용됩니다. 또한 마케팅 담당자나 기업 대표 중에도 그런 사람들이 있습니다. 나는 스스로를 압박하는 사람들을 그들 가운데서 많이 봤습니다. 그들을 보면 마케팅 세미나를 내면화했다는 인상이 듭니다. 이때 내가 만나게 되는 것은 한 사람이 아니라, 그저 제 역할만 하는 한 기업의 대표입니다. 나는 그들이 얼마나 많은 에너지를 잃었는지 느껴집니다. 그들은 보여지는 모습에 매여 있으며, 자기 자신과는 접촉하지 않습니다. 그들은 매출을 최대한 올리려 하고, 상품을 효과적으로 광고하려 하며, 그래서 자신의 인격은 부정합니다. "나는 어떤 사람에게 어떤 물건을 사들였다"라는 말은 흔히 우리 일상에서 "그 사람은 내가 보기에 믿음직하더라"라는 말과 다름없는 뜻입니다. 그저 자기네 상품을 팔아 치우려고 기를 쓰는 사람들은 그리 설득력이 없습니다. 그들은 자기 역할에만 몰두합니다. 나는 그 뒤에 서 있는 사람을 느끼지 못합니다. 그들에게 무언가를 사려고 할 때, 그들을 사람으로 느끼지 못하니 나는 본능적으로 방어하게 됩니다. 그들의 삶은 편해지지 않고 진정한 성공은 어려워지며, 비슷한 일이 다른 사람들에게도 일어납니다.

*경쟁과 그에 따른 압박*도 오늘날 우리 사회에 갖가지 영향을 미칩니다. 우리는 자신이 그 순간 하고 있는 일에 전념하지 않고 끊임없이 자신을 남들과 비교합니다. 남들을 경쟁자로 여깁니다. 남들보다 우월해야 한다며 자신을 압박합니다. 그렇지 않으면 직장에서 승진하기 어려울 것이고, 그렇지 않으면 주위에서 비판받아 상황이 더 악화될 것이라 우려합니다. 그런 경쟁의식은 자기존중감 결여가 원인입니다. 내가 나 자신에게 만족하지 못하니, 남들을 뛰어넘으며 그들 앞에서 내 가치를 증명해야 합니다. 반면 나 자신과 조화를 이룬 사람은 삶을 있는 그대로 받아들입니다. 그들은 자신을 자꾸만 남들과 비교할 필요가 없습니다. 남들과의 비교는 에너지를 빼앗아 가고, 경쟁의식은 긴장을 일게 합니다. 우리는 나를 앞지르려는 사람들이 내 주위 사방에 있다고 생각합니다. 그래서 경쟁자들의 공격을 막고 나 자신을 관철하려, 반드시 늘 경계해야 합니다. 그러나 그것은 대개 우리가 벌이는 '모의 전투'일 뿐입니다. 힘만 들고 아무 소용이 없습니다.

통제 강박, 곧 모든 것을 시험해야 하고 모든 것을 통제하려 하

는 강한 충동도 흐린 샘입니다. 우리는 감정을 통제 아래 두려고 합니다. 우리는 주도권을 잃을까 불안해합니다. 다른 사람들이 우리의 부족한 면모와 억눌린 감정을 이해해 줄 수도 있는데, 자신의 삶을 통제하고 싶어 합니다. 우리는 모든 것을 준비해 두려 합니다. 주위 환경과 주위 사람들, 자신을 둘러싼 모든 것을 통제해야 마음이 놓이는 사람들이 있습니다. 그들에게는 모든 것이 분명해야 합니다. 모든 것이 질서 있게 통제하에 있어야 합니다. 그렇지 않으면 삶에서 탈락할까 불안해합니다. 이해는 가지만 안전을 보장받으려는 고된 노력, 모든 것을 통제해야 한다는 압박은 우리 영혼을 피폐하게 만듭니다. 우리는 곧 과도한 요구임을 절감합니다. 왜냐하면 우리는 통제력을 잃을지도 모른다는 불안을 가지고 있기 때문입니다. 모든 것을 통제하려 하면 아무것도 통제하지 못한다는 것은 심리학의 한 법칙입니다. 신뢰는 마음의 짐을 덜어 줍니다. 그러나 불안은 짐을 덜어 주는 대신, 점점 더 움켜쥐도록 부추깁니다. "신뢰하되 통제하라." 블라디미르 레닌의 이 격언이 사람들 사이의 긴장된 분위기를 풀어주지는 못합니다. 자신의 감정을 통제하는 것은 분명 인간 생존에 필요한 일입니다. 나는 성폭행을 당한 경험이 있는 한 여성을 영적으로 동반한 적이 있습니다. 그런 외상을 경험한 그녀에게 중요한 것은 감정을 통제하는 일이었습니다. 그녀는 그 끔찍한 상황을 두 번 다시 떠올리고 싶어 하지 않았습니다. 하지만 동시에 통제 강박에 시달렸습니다. 그 강박은 그녀를 감정의 샘과 차단시켰습니다. 그녀는 긴장된 삶을 살았습니다. 지쳤으며 속이 텅 비었다고 느꼈습니다. 그녀는 내려놓는 법부터 다시 꿋꿋이 배워야 했습니다. 삶을 신뢰하는 법, 결국 하느님께 의탁하는 법을 배워야 했습니다. 그런 노력 끝에 그녀는 자신의 감정에 다가갔고 에너지도 얻었습니다. 그리고 그로써 삶의 기쁨을 새롭게 누리게 되었습니다.

자신감 결여도 위험 요인입니다. 자기존중감이 부족한 사람은 타인을 위협적 존재로 인식하고는 합니다. 나는 부단히 노력하여 약간은 자신감을 얻은 사람들을 알고 있습니다. 그들은 남들 앞에서 어느 정도 자신 있는 모습을 보였습니다. 당당하게 행동했고 스스로를 의심하지도 않았습니다. 하지만 얼마 뒤 에너지를 몽땅 앗아 가는 사람들을 맞닥뜨립니다. 그 사람들은 내 아킬레스건을 알고 있는 것만 같습니다. 내 급소에서 온 에너지를 빼냅니다. 그들은 때로 자문합니다. '왜 하필 그런 자들 옆에서 주눅이 드는 것일까?' 그들이 살아온 삶을 조금 더 자세히 아는 사람이라면 보통 그 문제가 어머니와의 관계와 엮여 있음을 알아차릴 것입니다. 어머니가 근본적 신뢰를 주지 않고 곁에서 줄곧 비난만 하면, 나중에 그들도 어머니와 비슷한 성향의 여성들을 만나게 됩니다. 그리고 그 여성들이 그들 내면의 샘을 바짝 마르

게 합니다. 이 '어머니들'은 힘의 원천에 은밀히 다가가 물을 몰래 빼내는 것처럼 보입니다. 이를 저지할 수 있는 사람은 거의 없습니다.

이와 같이 누군가에게서 힘을 빼앗아 가는 특정 유형의 사람들이 있습니다. 한 여성이 내게 털어놓기를, 남편 옆에 있으면 자신이 점점 더 약해진다고 합니다. 그 남편은 아내를 업신여기면서, 제 자신과 아내에게 강함을 증명해 보이려는 게 분명합니다. 그래서 그녀가 위축되는 것입니다. 다른 한편으로 누군가를 피폐하게 만드는, 우울한 남성들도 있습니다. 그들은 우리의 가장 약한 구석에 흡입기를 대고 온 에너지를 빨아내는 듯합니다. 왜 우리는 특정 사람들과 함께 있으면 자신이 더 약해지는 것 같을까요? 왜 그들이 우리 위에 올라서서 힘을 다 가져갈까요? 나는 이렇게 말할 수밖에 없습니다. 자신의 힘으로 삶을 살기를 거부한 사람들도 있습니다. 그들 내면에는 무엇인가 파괴적인 것, 삶을 방해하는 것이 있습니다. 그래서 다른 삶을 꽃피우는 게 허락되지 않습니다. 여러 사람들과 대화를 나누다 보면 나는 문득 깨닫게 됩니다. 이상으로 달아남으로써 현실을 인정하지 않으려하는 사람들을 만나면 나는 에너지를 빼앗깁니다. 나는 마치 벽을 보고 얘기하는 것만 같습니다. 그런 사람들은 자신 안에 뭔가 불확실한 것, 불투명한 것을 가지고 있습니다. 그들의 드높은 이상 이면에서 나는 무언가를 갈구하는 측면을 감지합니다. 그러나 그들에게 다가가지는 않습니다. 그들과의 대화는 긴장됩니다. 또한 그들은 내 속에 있는, 삶을 부정하는 측면을 건드립니다. 내가 한번 극복했던 것이라도, 특정 유형의 사람들을 만나면 그 파괴적인 측면이 되살아납니다. 중요한 것은 이와 같이 얽혀 있는 내면을 일단 의식하는 일입니다. 이것이 치유의 첫걸음입니다.

우울증은 오늘날 수많은 사람이 앓고 있는 질병입니다. 우울증이 덮치면 사람들은 의욕 저하를 느낍니다. 모든 것이 힘들고 버겁습니다. 모든 일에 질질 끌려다닙니다. 그들은 무력한 기분이 듭니다. 더없이 사소한 일조차 한없이 힘듭니다. 숲을 거니는 게 좋다고 알고 있어도 도무지 일어나지지 않습니다. 모든 게 마비된 듯합니다. 무언가를 할 의욕이 나지 않습니다. 종일 침대에 누워 있는 게 좋습니다. 하지만 이 또한 만족스럽지는 않습니다. 어떤 사람들은 우울한 기분에 맞서 싸우며 억지로 뭐라도 합니다. 그들은 평소와 다름없이 일합니다. 그러나 곧 완전히 탈진합니다. 많은 경우 우울증은 조금 더 쉬라는 권유, 쉬면서 내면의 샘을 찾아보라는 권유입니다. 내면의 샘은 자신의 의지나 자신의 명예욕보다, 성과와 결부된 자신의 자아상보다 한층 더 깊은 곳에 있습니다.

우울증의 원인은 다양합니다. 신체적 · 정신적 원인이 있는가 하면, 살다 보면 겪게 되는 여러 상황이나 영적 문제에서 비롯된 원인도 있습니다. 스위스 정신과 의사 다니엘 헬에 따르면 많은 경우 우울증은 큰 변화를 겪거나 자신의 뿌리가 뽑힌 상황에 맞서 도움을 청하는 영혼의 외침입니다. 우리 인간은 뿌리내릴 곳이 필요합니다. 늘 길 위에 있는 사람, 전혀 쉬지 않는 사람에게 영혼은 우울이라는 불쾌한 감정으로 반응합니다. 우울증의 또 다른 원인은 탈진입니다. 이제 사람들은 탈진 우울증에 대해서도 말합니다. 때로 우울증은 우리가 자신의 한도를 넘었음을 암시합니다. 우리는 쉴 것을 경고하는 영혼의 신호에 귀 기울이지 않았습니다. 그러니 영혼은 그 신호를 듣도록 결국 크게 외칠 수밖에 없습니다. 이런 경우 우울증은 쉬라는 권유, 내면의 샘에 다가가라는 권유입니다. 이 내면의 샘은 우리를 생기 나게 하고 회복시켜 줍니다.

많은 사람에게 분노는 내면의 샘을 오염시키는 주범입니다. 강연에서 흐린 샘에 대해 언급할 때면 대개 분노에 대해서도 말합니다. 분노는 다양한 동기로 일어나는 감정이며, 우리 삶을 비참하게 만들 수 있습니다. 분노에 관해 호소하는 사람들은 분노를 원하지 않지만 이를 거의 막아 내지 못합니다. 그들은 타인들의 영향을 심하게 받습니다. 그들은 자신과 교류하지 않습니다. 내면의 샘을 보호하지 않습니다. 도리어 타인들이 그 주위를 맴돌며 샘물을 흐려 놓게 합니다. 분노는 내면의 샘을 오염시킵니다. 때로는 우리를 내면의 샘과 완전히 끊어 놓습니다. 그러면 분노는 우리 내면에서 그 위력을 발휘하여 우리의 생각과 감정을 전부 지배합니다. 이 부정적 감정은 우리의 에너지를 가둬 버려서 더 이상 흐르지 못하게 합니다. 독일어에서 '분노'(Ärger)라는 말은 '나쁜', '못된'(arg)이란 형용사의 비교급입니다. 따라서 분노한다는 것은 무언가를 더 나쁘게 만든다는 뜻입니다. 그런데 분노는 '북받치다', '떨다'(ergh)라는 그 어근과도 관계가 있습니다. 분노는 내면이 급격히 움직이는 것입니다. 힘이 많이 듭니다. 그래서 우리가 내면의 샘과 차단됩니다. 분노에 사로잡히면 우리는 주도권을 잃습니다. 타인들에 의해 위축되고 그들에게 끌려다닙니다. 중요한 것은 분노를 직시하고 그 원인을, 그리고 가능한 한 그것이 의미하는 바를 알아내는 일입니다. 우리는 무거운 짐을 지우거나 우리를 제압하려 드는 대상과 거리를 둬야 합니다. 그래야만 분노 아래서 솟고 있는 내면의 샘과 다시 접촉할 수 있습니다.

파괴적인 삶의 패턴

앞에서 언급한 불안과 명예욕, 일중독과 완벽주의, 우울증과 분노는 단순히 의지로 바꿀 수 없습니다. 또 오늘내일로 바뀌지도 않습니다. 이것들은 어떤 패턴이 새겨지듯 우리 내면에서 태도로 굳어졌습니다. 이처럼 우리를 위축시키는 삶의 패턴들로부터 자유로워지려면 그 원인을 물어야 합니다. 먼저 필요한 것은 삶의 패턴들을 면밀히 살펴보는 일입니다. 패턴들은 이미 어린 시절에 형성되었습니다. 우리가 겪은 경험들, 우리가 끊임없이 들은 언어적 · 비언어적 메시지들을 통해 만들어졌습니다. 그런 '메시지들'은 우리 영혼 깊이 새겨져서, 일상 상황에서 우리가 취하는 태도를 결정합니다. 우리는 자신이 왜 그렇게 분노나 우울 반응을 보이는지 모릅니다. 무언가가 왜 우리를 탈진시키는지 전혀 알지 못합니다. 이미 말했듯이 우리는 그 이면에 있는 삶의 패턴들을 발견해야 합니다. 그래야 그것들과 거리를 둘 수 있고, 그 거리 두기를 통해 다른 관점을 얻고 새로운 조화를 이룰 수 있습니다.

어떤 사람들은 삶을 살아가며, 스스로가 무가치한 존재라는 감정으로부터 태도를 형성합니다. 이런 불안에 사로잡힌 사람들은 자신의 가치를 증명해야 한다는 압박을 항상 받습니다. 그들은 되도록 많은 일을 되도록 잘하면서, 혹은 모든 일을 완벽히 해내면서 자신의 가치를 입증하려 합니다. 불안에서 비롯된 그런 의식은 신심 깊은 사람들을 예컨대 완벽주의로 이끕니다. 그들은 모든 계명을 지나칠 정도로 철저히 지킴으로써 하느님 앞에서 모든 것을 완벽하게 행하기를 바랍니다. 또 불안은 점점 더 많은 성과를 내야 한다는 기분이 들게 만듭니다. 그로써 그들은 스스로를 가치 있게 받아들이기를, 다른 사람들이 자신의 가치를 인식하고 인정해 주기를 바랍니다. 이러한 불안에 지배된 사람은 일은 많이 할 수 있더라도, 자신의 가치를 인정하고 인정받는 체험, 그토록 갈망하는 그 체험을 절대로 하지 못합니다. 그들은 손발을 열심히 놀리며 애를 쓰지만 한계를 느끼고 탈진합니다. 어린 시절 사람들은 제 역할을 다해야만 하는 경험을 합니다. 무언가를 해내는 게 부모님과 선생님의 관심을 받는 유일한 길이었습니다. 그리고 그렇게 성과를 내는 데 매여 있어서 자신의 감정을 억압하게 되었습니다. 처음에는 그것이 큰 도움이 되었을 것입니다. 그런 방식으로 많은 성과를 얻었습니다. 하지만 언젠가는, 흔히 50대에 이르면 자신의 감정과 완전히 차단되었음을 깨닫게 됩니다. 그러면 일하는 것도 무척 버겁습니다. 제 역할을 하기는 해도 아무 의욕이 없습니다. '감정'(Emotion)이란 말은 '움직이다'(emoveo)라는 뜻의 라틴어에서 나왔습니다. 감정은 우리를 움직이는 힘입니다. 감정이 없는 사람들은 모든 것을 이성과 의지로 행할 것입니다. 그러나 감정이 없으면 이성과 의지는 기름을 치지 않아 간신히 돌아가는 모터와 같습니다.

다른 유형의 불안으로는 죄책감에 대한 불안과 자신의 존재로 죄를 지었다는 내면 깊은 곳의 감정이 있습니다. 죄책감을 지닌 사람들은 타인에게 대화를 청할 때마다 사죄를 합니다. 그들은 타인에게 무언가를 요구하거나 타인의 시간을 '훔친' 것에 대해 죄책감을 느낍니다. 그리고 그들 중에는 타인을 위해 스스로를 희생함으로써 자신이 저질렀을지도 모를 죄를 갚으려는 사람들도 적지 않습니다. 그들이 타인을 돕는 것은 기뻐서가 아닙니다. 죄를 갚아야 한다는 압박을 받고 있기 때문입니다. 하지만 이런 내적 태도는 자신의 한계를 깨닫지 못하게 만듭니다. 죄책감은 우리가 무언가를 행하는 데 바람직한 감정이 아닙니다. 죄책감은 우리를 혹사시키고, 우리의 행동에 기쁨을 느끼지 못하게 합니다. 그래서 우리의 행동이 위축됩니다. 죄책감은 우리 내면을 게걸스럽게 갉아먹습니다. 능력의 한계를 넘어서서 성과를 내라며 우리를 자꾸 몰아댑니다. 그로써 그 불쾌한 감정을 놓아 버리게 합니다. 이 같은 불안에 각인된 사람은 자신이 꿈꾼 이상에 반하는 것만 행하게 되고, 온 에너지를 앗아 가는 심한 죄책감으로 인해 내면이 찢어집니다.

한 여성은 자신을 용서할 수 없었습니다. 치매를 앓는 어머니를 요양원에 데려갔기 때문입니다. 어머니가 세상을 떠난 뒤에도 죄책감은 사라지지 않았습니다. 오히려 죄책감으로 날마다 괴로웠고, 밤새 자신을 비난하다가 겨우 잠들었습니다. 주위 사람들이 여러 합리적 이유를 들어 위로했고, "객관적으로 다른 해결책은 없었잖아요"라고 말해 주었지만 아무 도움이 되지 않았습니다. 치매 환자를 돌본다는 것은 사실 그녀에게 힘에 부치는 일이었습니다. 하지만 '이성적' 판단이 이런 유형의 죄책감을 없애지는 못합니다. 죄책감은 우리 내면의 샘을 흐리게 하거나 완전히 고갈시킵니다. 내면의 샘이 흐려진 사람은 죄책감을 통과하여 영혼 깊은 곳, 맑은 샘이 솟아나는 곳에 이르기 어렵습니다. 그 샘은 자기 비난에 오염되지 않고, 순수하며, 새로운 힘을 선사합니다. 그들은 평생 죄를 짓지 않으면서 살아갈 수 있을 것이라는 환상에서 벗어나야 합니다. 죄짓지 않고 살 수 있다고 생각하는 한, 내면의 샘에 다가가지 못할 것입니다.

직장에서 팀장으로 일하는 한 여성은 탈진 증세를 느꼈습니다. 그래서 어느 휴식 프로그램에 참여했는데 얻은 것은 별로 없었습니다. 다른 프로그램에도 가 보았지만 지친 상태는 여전했습니다. 후에 상담을 받다가 그녀는 신체적 회복만으로는 더는 도움이 되지 않음을 깨달았습니다. 탈진의 원인은 삶의 패턴에 있었습니다. 그녀는 시골 농가에서 자랐습니다. 아버지는 형의 집에서, 그러니까 그녀의 큰아버지 집에서 머슴살이를 했습니다. 자식이 없던 큰아버지는 동생을 시기했습니다. 사 남매 중 맏이인 그녀는 그런 분위기에서 성장했고 어릴 적부터 늘 압박을 받았습니다. 큰아버지의 기대를 가급적 충족시켜야 했고 아버지와 큰아버지가 싸우지 않도록 중간에서 애를 태워야 했습니다. 그녀는 어릴 적 이미 두 가지 근심에 휘둘렸습니다. 그녀에게 그 두 가지는 과도한 요구였습니다. '바라건대 두 분이 싸우지 않으면 좋겠어.' '큰아버지가 기대하는 바를 내가 꼭 해내면 좋겠어.' 그 두 가지 바람은 일종의 원칙으로, 책임감 있는 사람에게도 버거운 요구입니다. 그러한 원칙에 따라 사는 사람은 흐린 샘에서 물을 긷는 것입니다. 리더라면 자신이 온갖 갈등을 겪을 수밖에 없음을 잘 압니다. 갈등 때문에 발 디딜 데가 사라지면 나는 많은 에너지를 빼앗깁니다. 그러면 갈등을 겪을 때마다 탈진합니다. 갈등을 마주할 힘이 더는 없습니다. 반면 갈등에 적극적으로 대처하는 사람들이 있습니다. 그들은 갈등을 해결하고 싶어 하고, 또 그 일을 재미있어 합니다. 그렇지만 파괴적 패턴이 각인된 사람들은 긴장과 대립을 겪으면 불안해합니다. 그들은 어린 시절 직면했던 위협적 상황을 떠올립니다. 아이들은 안전히 보호받고 싶어 합니다. 그러나 갈등은 안전감을 깨뜨리고 불안을 일으킵니다. 갈등 불안이라는 흐린 샘에서 물을 긷는 사람들은 거듭 탈진에 시달릴 것입니다. 멋진 휴가나 4주간의 휴식 프로그램도 도움이 되지 않습니다. 그럴 때는 내 삶의 패턴을 탐색해야 합니다. 그리고 결국 그것과 작별해야 합니다.

그 여성을 탈진시킨 또 다른 패턴은 모든 기대를 충족시켜야 한다는 압박이었습니다. 어느 누구도 모든 사람을 만족시킬 수는 없습니다. 내가 주위 사람들의 기대에 모두 부응해야 한다는 압박을 받으면, 자신이 늘 터무니없이 과도한 요구를 받고 있다고 느끼게 됩니다. 주위 사람들의 기대는 경우에 따라 현실적이지만, 대개는 나의 망상입니다. 나는 모든 사람을 만족시켜야 한다는 망상에 빠집니다. 그렇지만 사람들이 나에게서 실제로 무엇을 원하는지 전혀 알지 못합니다. 남들의 기대에 매여 있으면, 내가 어떻게 해야 그것을 채워 줄 수 있을까 골몰하게 됩니다. 나는 제자리만 맴돌고, 이내 현기증이 납니다. 점점 힘이 다합니다. 그러다가 나중에 가서는 다른 사람들이 무엇을 원하는지 전혀 중요하지 않게 됩니다. 나는 나에게 맞는 것, 나다운 것을 내 안에서 알아채야 합니다. 나 자신과 접촉해야 내 내적 자원도 찾아낼 수 있습니다.

다른 한 여성은 아주 어릴 적부터 자신이 행하는 모든 일에 꼭 의문을 던지는 패턴이 있었습니다. '내가 한 게 옳은 걸까?' 사실 그 이면에는 아주 다른 불안이 숨어 있었습니다. '그런데 나도 옳을까?' '나는 있는 그대로 존재해도 될까?' 이런 삶의 패턴에 그녀는 많은 힘을 빼앗겼습니다. 그녀는 이제 맞서고 또 맞서야 합니다. 그렇게 힘의 원천에 이르러야 합니다. 자신이 '옳은'지 아닌지 의문을 던지면서, 그녀는 내면의 샘으로 가지 못하고 자꾸 가로막힙니다. 또 창의성을 펼치지도, 삶의 기쁨을 누리지도 못합니다.

14년 전부터 나는 소진 증후군을 겪는 사제들과 심리치료사들도 영적으로 동반하고 있습니다. 그들과 대화를 나누다가 내가 잘 던지는 물음이 있는데, 왜 그들 가운데 소진된 사람들이 많으냐는 것입니다. 한 심리치료사가 답했습니다. "많이 주는 사람에게는 필요한 것도 많습니다." 이 말을 일반화해서는 안 되겠지만, 탈진한 사제들과 심리치료사들에게는 적용되는 말입니다. 그들은 그들 자신이 많은 것이 필요해서 많이 주는 것입니다. 그들은 사랑받고 싶어서, 자신을 증명하고 싶어서, 관심과 인정이 필요해서 공동체에 투신합니다. 그러나 스스로 관심과 인정을 받고 싶어서 주는 사람은 기대하는 바를 결코 얻지 못할 것입니다. 그는 머지않아 탈진합니다. 이런 삶의 패턴도 흔히 어린 시절의 경험에 그 원인이 있습니다. 특히 어머니에 대한 애착이 지나치게 강한 사제들은 교회 공동체를 어머니의 대용물로 여길 위험이 있습니다. 한 사제가 자신이 맡은 본당 공동체를 위해 헌신했습니다. 그는 자신에게 공동체가 집처럼 아늑하고 편하기를 바랐습니다. 하지만 어떤 공동체도 그에게 어릴 적 우리 집이 되어 줄 수 없습니다. 이로 인해 본당 공동체와 그 구성원들은 저마다 과도한 요구를 받게 됩니다. 그 사제가 공동체에 거는 무리한 기대는 결국 자기 어머니에 대한 기대입니다. 그가 공동체에 어머니의 그림자를 드리운 것입니다. 어머니 앞에서 그랬듯이 그는 본당에서도 늘 활달한 아이, 사랑스러운 아이이고 싶어 했습니다. 모든 사람에게 사랑과 인정을 받고 싶어 했습니다. 하지만 이 때문에 그 사제는 스스로 과도한 요구를 받고 있다고 여기게 됩니다. 지극히 사소한 비판에도 이성을 잃고 맙니다. 그가 원하는 바는 모든 이를 만족시키는 것, 모든 이에게 사랑받는 것입니다.

이 같은 패턴은 회사에서도 숱하게 볼 수 있습니다. 어머니에 대한 애착이 강한 사람이 회사를 어머니의 대용물로 본다면, 그는 늘 흐린 샘에서 물을 긷는 것입니다. 그는 회사를 위해 모든 것을 다 합니다. 하지만 실은 모든 사람에게 좋은 평가를 받으려고 그러는 것입니다. 그는 자신의 수고가 부족하게만 느껴집니다. 그는 자신이 속으로 갈망하는 바를 얻지 못합니다. 어머니에 대한 지나친 애착이 어머니의 과도한 사랑에서 왔든, 어머니에 대한 실망에서 왔든 그것은 중요하지 않습니다. 그는 어머니에게 받은 사랑을 회사에서도 똑같이 받으려 하거나, 받지 못해 결핍된 사랑의 대용물을 회사에서 찾으려 합니다. 두 갈망은 불가피하게도 과도한 요구입니다.

한 남성이 이야기하기를, 자신이 열두 살 때 부모님의 결혼 생활이 깨졌다고 했습니다. 두 분 사이에 늘 긴장이 감돌아서 그는 자신의 욕구를 표현하지 못했습니다. 부모님은 당신들의 문제로도 바빴고 그는 자신까지 걱정을 끼치고 싶지 않았습니다. 그는 욕구를 항상 억누르는 법을 배웠습니다. 성인이 되어서는, 이제 한 직장에서 책임자가 되어서는 동료들의 욕구를 먼저 알아차리고 가급적 들어주려 애썼습니다. 그러나 그는 완전히 무너졌습니다. 그는 자신에게도 욕구가 있음을 깨달았습니다. 그러면서 나 자신과 내 욕구를 진지하게 받아들이고 스스로를 잘 돌봐야만, 내 힘을 잃지 않으면서 책임자 역할을 다할 수 있음을 서서히 알아 갔습니다.

한 여교사는 학생들을 열심히 가르치며 모범을 보였습니다. 그러나 거듭 탈진 증세에 시달렸습니다. 그녀는 교육에 대한 사랑 (eros) 때문에 탈진한 것이라고 토로했습니다. 하지만 진정 사랑으로 움직이는 사람은 학생들을 가르치는 일에 의욕을 가지고 있고, 자신이 하는 일에 의욕이 있는 사람은 그렇게 쉽게 탈진하지 않습니다. 사랑은 쉬이 마르지 않는 샘입니다. 몇 차례 대화를 나눈 끝에 그녀는 깨달았습니다. 그녀가 가진 사랑의 像 이면에는 무엇인가 아주 다른 것이 버티고 있었습니다. 그녀는 세 딸 중 막내였습니다. 그녀는 지금껏 아버지에게 자신을 증명해 보여야 한다는 압박을 받으며 살았습니다. 스위스 심리치료사 율리아 온켄에 따르면 딸이 받는 가장 큰 상처는 아버지에게서 무시받는 것입니다. 이런 상처에 대한 불안은 세 가지 역할 패턴으로 나타납니다. 첫째 역할은 착한 딸로, 아버지가 무엇을 원하는지 늘 눈치를 봅니다. 둘째 역할은 능력 있는 딸로, 능력을 통해 자신을 증명하려 합니다. 셋째 역할은 반항하는 딸로, 아버지와 설전을 벌입니다. 세 행동 방식의 목표는 결국 아버지의 관심을 받는 것입니다. 그러나 관심을 받기 위해 온갖 것을 다 하더라도 아버지의 갈망을 결코 충족시킬 수는 없습니다. 딸은 자신이 가진 것보다 점점 더 많은 것을 줄 것이고, 이내 힘이 다해 탈진합니다.

자신의 막내딸이 그런 반항하는 딸이라고 어느 목사 부인이 내게 말했습니다. 딸은 아버지의 관심을 받으려고 심지어 교회까지 떠났습니다. 그래도 아버지는 동요하지 않았습니다. 딸을 걱정하지도, 딸과 갈등하지도 않았습니다. 그 딸이 더없이 불행해진 것은 놀랄 일도 아니었습니다. 그녀가 보인 행동은 양심에 따른 결정이나 신학적 갈등에서 나온 게 아니라, 아버지에게 주목받고 싶은 갈망에서 비롯된 것이었습니다. 그녀는 자기 내면과도 멀어졌습니다. 그녀는 자기 안에 있는 온 힘을 다해 반항했고, 그래서 자기 삶을 주도할 에너지가 더는 흐르지 않았습니다.

나는 한 영성 프로그램에서 '삶의 자취'를 주제로 다룬 적이 있습니다. 몇몇 참여자가 내면의 샘을 발견했다고 말했지만, 이내 내적 방어에 가로막혔다고도 했습니다. 때로는 그들 안에서 생명이 흐릅니다. 한 여성은 일이 술술 잘 풀리는 경험을 자주 합니다. 그럴 때면 어떤 일도 쉽습니다. 그러나 곧 내면에서 아버지의 목소리가 들립니다. '한 가지 일에만 집중해야 한다. 삶에는 노력이 필요하다. 네가 노력을 해야만 일이 잘 이루어진다.' 이 내적 목소리가 그녀가 자신을 신뢰하지 못하게 만듭니다. 그러면 모든 게 잘 풀리더라도 기쁨을 느끼지 못합니다. 그녀는 압박에 시달리면서, 내적 목소리를 만족시키려고 더 기를 쓰고 일하게 됩니다. 그녀는 내면의 샘에서 흘러나오는 물을 마시지 못합니다. 내면의 아버지가 넌지시 말하듯이, 그녀에게 그 물은 노력을 기울여야만 맛볼 수 있는 것입니다.

다른 한 여성은, 대학 시절 자신이 무언가를 성취해야 하는 사람이며, 또 그 성취가 자신에게 힘을 줌을 깨달았습니다. 그리고 그녀는 자신의 직업에서도 무언가를 실현하는 힘을, 변호사로 서 처리해야 할 여러 문제를 신속하고 효과 있게 처리하는 힘을 발휘합니다. 그러나 내적으로 줄곧 가로막혀 있다고 느낍니다. 그것은 할머니의 목소리입니다. '너는 여자애니 매사에 조신해 야 한단다. 성공 같은 것은 남자들에게 양보하거라. 남들이 꺼리 는 일부터 먼저 하거라. 그리고 다른 이들에게 봉사하거라.' 이 내적 목소리가 그녀의 힘을 차단하며, 또 그녀가 내적 원천을 신 뢰하지 못하게 간섭합니다. 자신에게 많은 내적 에너지가 있음 을 알게 되었음에도 그녀는 차단과 간섭을 느낍니다. 그 에너지 는 흐르지 못합니다. 할머니의 목소리가 그녀의 힘이 흐르지 못 하게 속박합니다. 그리고 그것은 내적 정체로 이어지고, 그녀는 거기에 많은 힘을 소모할 뿐입니다. 그녀는 자신의 힘을 흐르게 하는 대신, 내적 에너지를 막는 데 쓰게 됩니다. 그녀는 탈진하 고 의욕을 잃습니다. 그녀는 둑을 쌓는 데 온 힘을 써 버립니다.

한 남성은 자신의 어머니가 아름다움을 만끽할 줄 몰랐다고 털 어놓았습니다. 그녀는 날씨가 좋아도 다시 곧 나빠질 것이라고 생각했습니다. 가족 중 하나가 무슨 성공이라도 거두면 그녀는 비싼 값을 치를 것이라고 말했습니다. 곧 가족들은 행복을 얻으 려면 반드시 무슨 대가를 치러야 함을 배웠습니다. 어머니의 이 같은 비관적 관점은 물론 아들에게도 영향을 미쳐서, 그가 하는 모든 일에 제동을 걸었습니다. 그는 성취감을 누리지 못했습니다. 뭔가 잘못되지 않을까, 안 좋은 일이 생기지 않을까 늘 불안해했습니다.

부모에게 물려받은 이런 삶의 패턴들은 우리 안에 깊이 각인되어 있습니다. 우리가 이성적으로 관찰하고, 또 의식적으로 거부하더라도 그것들은 우리 안에서 계속 작용하여 우리 영혼을 내면의 샘, 그 살아 있는 원천과 차단합니다.

종교적 장식

사람들에게는 자신의 행동 방식에 큰 의미를 부여하는 경향이 있습니다. 이면에는 전혀 다른 동기가 있음에도 자신의 행동을 이념적·관념적으로 과도하게 장식하는 것은 정치권에서만 나타나는 현상이 아닙니다. 우리가 자신 안에 있는 흐린 샘을 '성스러운 외투'로 두르고 자신의 병든 패턴을 종교적으로 장식한다면, 이는 단순한 문제에 그치지 않고 위험한 상황에 이르게 됩니다. 자신이 영적 샘에서 물을 긷는다고 여기게 되기 때문입니다. 하지만 실은 어떤 축복도 흘러나오지 않는 흐린 샘에서 물을 긴는 것입니다. 어떤 사람들은 갈등에 대처하기 몹시 어려워합니다. 나도 경험하여 잘 압니다. 어릴 적 우리 집에서는 조화를 이루는 게 중요한 덕목이었습니다. 그러나 그로써 갈등은 눈에 안 보이는 데로 치워졌습니다. 나는 갈등을 제대로 다루는 게 오랫동안 힘들었고, 그것은 지금도 내 강점이 아닙니다. 나는 알고 있습니다. 긴장을 피할 게 아니라, 긴장이 나타날 때 그것에 직접 말을 걸어 함께 해결책을 찾는 것이 여전히 내 과제입니다. 갈등을 해결하면 나 자신을 더 잘 느끼게 되고 내 안에서 새로운 에너지가 흐를 것입니다. 반면 갈등을 밀쳐 내면 그 갈등에 내적 활기를 빼앗길 것입니다. 나는 갈등에 대처하기 어려워하는 사람들을 많이 알고 있습니다. 그들의 고충은 이해가 가지만, 그들이 갈등에 대처하지 못하는 것을 자신의 그리스도교적 신념으로 정당화하는 태도에는 신경이 쓰입니다. 그들이 자신의 약점을 종교적으로 장식하고, 또 그것을 영적 강점이라 말하려는 게 느껴지기 때문입니다. 그들은 이렇게 말합니다. "예수님은 우리에게 제 십자가를 지라고 말씀하세요." 갈등을 예수님이 지게 하신 십자가로 여기는 사람들은 결국 그분의 말씀을 악용하며 갈등을 회피하는 것입니다. 그들은 수동적으로 대응하면서 기꺼이 희생자가 되려고 합니다. 그러나 그들은 희생자인 동시에 가해자가 됩니다. 갈등에 맞서기를 거부함으로써 자신의 주위에 공격성만 야기합니다. 그들은 자신에게 있는 공격적인 힘의 근원과 접촉하는 대신, 다른 사람들을 공격적으로 만듭니다. 게다가 그들은 예수님을 잘못 이해합니다. 자신의 행동을 정당화하려고 예수님을 이용합니다. 그렇지만 예수님이 십자가에 못 박히신 것은 갈등에 맞서셨기 때문입니다. 사두가이들의 지배적 견해에 맞서 새로운 하느님상을 전하셨기 때문입니다. 그분은 성전에 가시어 거기서 물건을 사고파는 자들을 쫓아내시면서, 당시 위세를 떨치던 종교 집단에 도전하셨습니다. 예수님이 말씀하신 의미에서 십자가를 진다는 것은 그러니 갈등에 맞선다는 뜻이기도 합니다. 자신의 회피 행동을 십자가로 해석하는 사람은 자신이 내면의 흐린 샘을 얼마나 종교적으로 장식하고 있는지 전혀 알아채지 못합니다. 그에게서는 그 어떤 축복도 나오지 못할 것이며, 그가 잘못 이해한 십자가로 인해 갈등이 오히려 고조될 것입니다.

이미 말했듯이 사람들이 자신의 행동 방식을 종교적으로만 채색하고 장식하는 것은 물론 아닙니다. 사람들은 자신이 갈등에 대처하지 못하는 것을 이상적으로도 포장할 수 있습니다. 심리치료사 베레나 카스트는 『희생자 역할 그만두기』*Abschied von der Opferrolle*에서 사람들이 어떻게 희생자 역할을 하며, 이로써 어떻게 스스로 가해자가 되는지 설명했습니다. 그들의 희생은 타인에게 공격적으로 작용하며, 타인을 흔히 희생자로 만듭니다. 프랑스 소설가 파스칼 브뤼크네르는 이 같은 희생자 의식을 우리 사회의 전형적 특징으로 기술했습니다. 많은 사람이 자신을 희생자로 여깁니다. 기업가는 자신을 정치의 희생자로, 근로자는 자신을 고용자의 희생자로 생각합니다. 아내는 자신을 남편의 희생자로, 남편은 자신을 아내의 희생자로 인식합니다. 희생자 역할에 머무는 사람은 잘못을 항상 남들에게 돌립니다. 그는 살면서 책임을 떠맡기를 거부합니다. 그는 문제를 해결하는 데는 전혀 기여하지 않습니다. 그들은 고소인 역할에 머무를 뿐이고, 결국 삶을 거부하게 됩니다.

한 여성은 도움이 필요한 사람들을 위해 그저 헌신했고, 이내 탈진했습니다. 그녀는 피정을 떠나 힘을 재충전하기로 했습니다. 처음에는 그녀에게 다가가기 아주 힘들었습니다. 자신의 한계를 충분히 유념하고 있는지, 왜 그토록 무리하게 자신을 희생하는지 물을 때마다 그녀는 엄숙한 얼굴로 예수님의 뜻이라고 대답했습니다. "예수님은 제가 온전히 다른 이들을 위해 존재하기를 바라시지요." 물론 예수님은 우리가 자신만 사랑하여 자신에게 집착하는 게 아니라, 타인에게 다가가서 그들을 돕기를 원하십니다. 그러나 거기서 우리가 무너지는 것은 분명히 원하지 않으십니다. 예수님은 제자들에게 외딴곳으로 가서 쉬라고 말씀하셨습니다(마르 6,31). 우리가 그분의 뜻을 충실히 따르면 그것은 우리에게도 이로울 것이고, 타인을 위해 헌신하면서도 그로써 우리가 생기를 얻을 것입니다. 타인에게 헌신하다 보면 한계에 이르고 지치기 마련입니다. 그런데 탈진이 반복된다면 그 경건한 동기 이면에 또 다른 삶의 패턴이 숨어 있음을 암시하는 것입니다. 그 여성은 나와 몇 차례 대화를 나눈 뒤에 고백했습니다. 어린 시절 그녀는 이 세상에 자신이 설 자리가 없다고 느꼈습니다. 그녀는 집에서 자신의 자리를 찾지 못했습니다. 그래서 다른 사람들에게 자신을 다 내주면서 자리를 얻으려고 했습니다. 그러한 방법은 물론 통하지 않았습니다.

그러니 우리는 탈진할 때마다 자신의 행동 이면에 어떤 병든 삶의 패턴이 숨어 있는 것은 아닌지 물음을 던져야 합니다. 나를 탈진시킨 것이 내가 세운 높은 이상이 아니라, 실은 나의 병든 패턴을 이상화한 것임을 발견하게 되면 가슴이 쓰라릴 것입니다. 그 병든 패턴은 내가 내면의 샘에 이르지 못하게 합니다. 나의 탈진 증상을 종교적으로나 이상적으로 장식하고 그것을 나 자신과 타인 앞에서 높이 평가하는 것이, 그 이면에 숨은 실제 동기와 욕구를 직면하는 것보다는 당연히 더 쉽습니다. 자기를 인식하는 것은 언제나 고통스럽습니다. 그러나 그것이 나를 해방합니다. 이 자기 인식은 이상화한 것들의 이면에 숨어 있는 나의 실제 욕구를 발견하게 합니다. 그리고 나아가 그 욕구를 통과

하여 결코 마르지 않는 샘을 향해 파고들게 합니다.

우리가 탈진하는 또 다른 원인은 불쾌한 내적 측면을 억압하는
데 과도한 에너지를 사용하는 것입니다. 스위스 정신의학자 카
를 융은 이에 대해 '그림자'를 말합니다. 인간존재의 많은 측면
을 그림자로 몰아내는 사람은 삶을 주도할 힘을 잃습니다. 그는
자신에게 있는 삶의 동력을 일부분만 쓸 수 있습니다. 억압을 통
해 대부분이 막혀 버렸습니다. 사람들과 대화를 나누다 보면 현
실을 직시하는 게 불안하여 탈진한 경우를 수없이 봅니다. 우리
내면의 그림자는 에너지가 흐르는 데 중요한 역할을 합니다. 그
림자는 우리의 생명이 잘 자라날 수 있는 비옥한 땅입니다. 그림
자를 차단하는 사람은 중요한 힘의 원천과 차단됩니다.

한 모임에서 '사제들의 탈진 현상과 그들이 받는 과도한 요구'라
는 주제로 대화를 나누었습니다. 어느 교구 인사 담당자가 말하
기를, 자기 주교님이 사제 서품식에서 이렇게 강론하셨다고 했
습니다. "사제는 사람들을 위해 양배추 절임처럼 숨이 죽어야 합
니다." 이 '양배추 절임 신학'은 몇몇 사제들의 머릿속에 새겨졌
고, 이것은 그들의 행동으로, 심지어 탈진에 이르기까지 나타났
습니다. 자신은 오직 타인을 위해 존재해야 하고, 자신의 욕구는
철저히 무시해야, 곧 숨이 죽어야 한다고 생각하는 사람은 흐린

샘에서 물을 긷는 것입니다. 그런 샘은 경건하게 보이지만 예수님의 정신에서 비롯된 게 아닙니다. 비인간적이며, 결국은 공격적인 신학의 망상에서 나온 것입니다. 자신의 욕구를 숨 죽게 만드는 것은 자신을 향한 강한 공격성의 표현이기 때문입니다. 그렇게 자신을 공격하면, 거기서 그 어떤 축복도 나오지 않습니다. 가혹하고 냉혹한 것만 나옵니다.

때로 사람들은 공격성의 샘을 종교적 표상들로 메우기도 합니다. 공격성은 성性과 더불어 가장 중요한 삶의 에너지입니다. 그런데 과거에 그것을 잘못 이해한 일부 그리스도인 금욕자들은 그 샘을 경시했습니다. 공격성은 무언가를 움켜잡아 시작하는 힘, 움직이는 힘입니다. '공격'(Agression)이란 말은 '무엇을 향해 가다', '착수하다'(aggredior)라는 라틴어에서 유래했습니다. 공격성은 우리 모두에게 중요한 힘의 원천입니다. 공격성이 없으면 우리는 우울해지거나 삶의 의욕을 잃을 것입니다. 많은 사람의 내면에 공격에 대한 불안이 숨어 있습니다. 공격은 투쟁과 어느 정도 연관되기 때문입니다. 우리는 투쟁 없이 삶의 목표를 이루고 싶어 합니다. 공격에 대한 불안은 흔히 삶의 갈등에 대한 불안이기도 합니다. 사람들은 삶의 투쟁을 회피합니다. 차라리 관객 역할에 머물고 싶어 합니다.

한 남자는 어릴 때는 성미가 급하고 화도 잘 냈지만 점점 자라면서 완전히 공격성을 억압하는 법을 배웠습니다. 그는 화를 내서는 아버지의 관심을 받지 못함을 알아차렸고, 그래서 그저 자신을 주위에 맞췄습니다. 그는 자신을 패자로 여기지 않기 위해 공격성을 드러내지 못하는 자신의 태도를 산상설교의 비폭력으로 해석했습니다. 그렇지만 40대에 이르러 우울해졌습니다. 그에게는 공격성의 샘이 없었던 것입니다. 먼저 그는 자신의 공격적인 힘과 접촉해야 했고, 그로써 일에 대한 새로운 의욕을 얻었습니다. 많은 경험에 따르면 건강한 공격성의 샘에서 물을 긷지 않는 사람은 자신 안에 뿌리내려 있는 공격성을 결국 자기 자신에게 겨냥합니다.

어떤 사람들은 갈등에 대처하지 못하는 자신의 태도를 "더 현명한 사람이 양보하는 법이다"라는 속담을 가지고 해석합니다. 그러나 내 욕구를 드러내지 못하는 것을 그렇게 덮어 버리면, 끊임없이 양보만 하다가 내 내면을 선명히 인식하지 못하게 되고, 그로써 공격성이 발동하게 됩니다. 조화에 집착하는 경우에도 그렇습니다. 조화를 추구하는 사람은 전적으로 긍정적인 평가를 받을 수 있습니다. 그에게 관건은 사람들과 사이좋게 지내는 것입니다. 그러나 조화를 지키려고 지나치게 애를 쓰면 모든 갈등을 간과하거나 억압하게 되고, 이런 태도는 어떤 축복도 가져오지 못합니다. 다른 한편으로 조화에 대한 욕구를 자신과 견해가 다른 사람들을 비난하는 행동으로 표출하는 사람들이 있습니다. 그들은 속으로 죄책감을 느끼지만, 자신이 그로써 어떻게 위력을 행사하고 있는지, 그리고 어떻게 자신의 견해를 강제하는지 깨닫지는 못합니다.

때때로 우리는 어떤 한 종교적 표상이 '옳은 것'인지 아닌지, 그 표상이 자신의 흐린 샘을 감추기 위한 일종의 관념에 불과한지 아닌지 잘 구별하기 어렵습니다. 가령 나에게 독신 생활은 중요한 가치가 있습니다. 그런데 자신이 사람들과 현실의 관계를 맺지 못하는 것을 독신이란 이상으로 장식하는 수도자들도 더러 있습니다. 독신이 종교적 장식인지, 아니면 진정한 영적 방식인지 분별하기 위한 중요한 기준은 '다른 사람들의 마음과 자신의 주위에 어떤 영향을 미치고 있는가'입니다. 복음적 권고에 따라 독신으로 사는 사람은 좋은 열매를 맺습니다. 그는 스스로 생기를 느낍니다. 그의 삶은 다른 사람들에게도 축복이 됩니다. 그렇지만 만약 내가 인간관계나 친교를 맺지 못하는 것을 독신의 은사로 내세운다면 내 삶은 그저 발악이 될 것이고, 또한 다른 사람들에게 좋지 않은 영향을 미칠 것입니다. 예수님의 복음을 전하면서 내 권세욕을, 다른 사람들에게 나쁜 양심을 심어 주면서 내 권력욕을 드러낼 것입니다.

나에게 묵상은 내면의 샘과 접촉하는 중요한 방법입니다. 그런데 나는 삶을 회피하기 위해 묵상하는 사람들도 보았습니다. 다른 사람들과 관계를 맺지 못하여 묵상으로 달아나는 것입니다. 그들은 자신의 대인관계 장애를 영적으로 장식합니다. 스스로를 특별하게 여깁니다. 그러나 그런 식의 묵상이 자신을 생명이 아닌, 고립으로 이끈다는 것을 전혀 알아채지 못합니다. 그들은 그 고립을 영성을 실천하는 현장으로 받아들이지만, 그들에게서는 아무런 힘도 흘러나오지 않습니다. 그들은 다른 사람들을 위해 살거나 일에 뛰어드는 대신, 묵상을 하면서 자신의 주위만 맴돕니다.

사람들은 어떤 영적 방법이든 잘못 사용할 수 있습니다. 그리스도교 전통에서 희생이란 개념은 중요한 역할을 했습니다. 예컨대 늙은 내 어머니에게는, 당신의 지병을 자식과 손주들을 위해 희생으로 바치는 것이 바람직한 하나의 방법이었습니다. 그 방법은 어머니가 지병을 끊임없이 한탄하는 대신, 기쁜 마음으로 인내하는 데 도움이 되었습니다. 그렇지만 지나친 희생정신은 타인들을 향한 비난으로 바뀔 수도 있습니다. "내가 너를 위해 희생하는 것은 네가 너 자신만 생각하고 네가 좋은 것만 하기 때문이야. 내가 희생하고 있는데 너는 고마워할 줄도 모르는구나." 그러면 희생은 또 다른 죄책감을 불러일으킬 테고, 결국 위력을 행사할 것입니다. 희생은 본디 헌신을 뜻합니다. 다른 사람들을 억압하는 희생은 헌신이 아닙니다. 그런 희생은 다른 사람들을 내게 묶어 놓고 그들에게 어떤 의무를 지우는 수단입니다. 그때는 흐린 샘에서 물이 흘러나와 내 주위를 혼탁하게 하고 혼란스레 만듭니다.

· 2 ·

맑은 샘

우리는 삶을 살아가며 우리에게 새 힘을 주는 것, 우리를 생기
있게 하고 맑아지게 하는 것을 갈망합니다. 맑은 샘을 향한 갈망
은 우리 삶이 흐르기를 바라는 갈망입니다. 언제나 흐름은 살아
있음의 표지입니다. 최근 심리학에서는 '몰입'(flow)에 대해 언급
합니다. 어떤 일이나 대상에 자신을 바칠 때, 일을 하면서 자기
자신을 잊을 때 우리는 몰입을 경험합니다. 이때는 남들이 나에
대해 어떻게 생각하는지, 또 남들이 내가 하는 일을 어떻게 판단
하는지 중요하지 않습니다. 우리는 자신이 행하는 일 속으로 확
들어가고, 우리의 에너지가 일로 흘러듭니다. 몰입하는 사람은
성과만 내려는 사람보다 효율적으로 일합니다. 일찍이 성 베네

덕도가 이것을 경험했습니다. 수도원에서 일하는 장인匠人들에 관한 규칙을 보면 자신의 기술을 겸손을 다하여 사용해야 한다고 요구합니다(『베네딕도 수도규칙』 57,1). 이러한 규칙이 오늘날 우리에게는 잘 이해가 되지 않습니다. 성 베네딕도가 말하고자 하는 바는 장인들이 자신의 일을 어떤 부차적 의도와 연결하지 말라는 것입니다. 그들은 남들 위에 올라서려 해서는 안 됩니다. 또 자신의 일을 공적이나 공로와 연결하려고 곁눈질해서도 안 됩니다. 겸손이란 일에 몰두하는 것, 내가 지금 하고 있는 일에 접촉하는 것, 나 자신과 내 부차적 의도를 잊는 것을 의미합니다.

우리는 이 세상에 태어날 때, 저마다 물을 길어 마실 수 있는 원천들을 함께 받았습니다. 그리고 삶을 살아가면서 부모와 선생님들, 친구와 친척들로부터, 또 자신의 여러 체험으로부터 자원들을 선사받았습니다. 우리는 이 자원들을 언제든 자신의 몸과 마음에서 캐내 쓸 수 있습니다. 우리는 이것들을 단지 부모로부터 받은 게 아닙니다. 이 자원들은 하느님의 선물이기도 합니다. 이것들이 내 성격과 내 존재의 기초를 이루고 있습니다.

현대 심리학은 어린 시절의 상처를 치유하는 것에 만족하지 않습니다. 사람들이 내 고유한 자원과 접촉하도록 돕습니다. 인간은 누구나 자기 안에 원천을 가지고 있고, 그 원천에 이르는 길은 다양합니다. 여기서도 앞서 말한 표상이 유효합니다. 지표면만 파는 사람은 지표수만 얻을 뿐, 내면의 샘에 이르지 못합니다. 우리 안에 있는 그 샘을 찾아내려면 충분히 깊이 파 들어가야만 합니다. 그 샘은 우리 본질 속에, 우리 내면 가장 깊은 곳에 묻혀 있어 쉽게 마르지 않습니다. 그곳으로 들어가는 것은 결코 그렇게 어렵지 않습니다.

어린 시절과 연결 짓기

나는 나에게 이렇게 물으며 개인적 원천을 발견합니다. '어린 시절 나는 어디서 힘을 길어 올렸나?' '어디에 있을 때 나의 에너지가 가장 많이 솟아 흘렀는가?' '나는 무엇을 하면서 지칠 줄 모르고 한참 뛰어놀았는가?' 나는 이런 장면들을 떠올리며 나의 고유한 힘과 접촉합니다. 어떤 사람들은 아이는 그저 부모가 보여준 것을 그대로 따라 할 뿐이라고 생각합니다. 그러나 부모는 알고 있습니다. 모든 아이는 둘도 없이 유일한 존재입니다. 모든 아이는 태어날 때부터 이미 무엇인가 유일한 것을 가지고 있습니다. 아이는 제 나름으로 웃고, 제 나름으로 움직이며, 제 나름으로 사랑과 관심에 반응합니다. 아이는 자라면서 점점 전략을 펼칩니다. 때로는 물러서고 때로는 나섭니다. 모든 아이는 저마다 제 방식으로 놉니다. 어떤 아이는 풀밭을 기어 다니는 딱정벌레를 관찰하다가 자신을 잊습니다. 또 어떤 아이는 길에 깔린 조약돌을 가지고 놀다가 상상의 날개를 폅니다. 우리의 어릴 적 고유한 행동 방식을 문득 다시 마주할 때, 우리는 자신의 마음과 맞닿게 됩니다. 그리고 우리의 근원적 본질을 발견하고, 지금도 여전히 힘을 길어 올릴 수 있는 원천을 찾아내게 됩니다. 근원적이고 개인적인 이 원천을 우리가 인식하고 거기서 힘을 길어 본다면, 이것이 얼마나 쉬운 일인지, 우리 안에서 얼마나 힘이 솟아 흐르고 있는지 깨달을 것입니다. 우리는 무언가를 밖으로부터 스스로 덮어씌울 때마다 힘을 잃습니다. 반면에 고유한 원천은 우리에게 힘을 선사합니다.

한번은 학교장들을 위한 프로그램을 이끌 때 나는 참가자들에게 내적 원천을 찾아보라고, 그리고 어릴 적 가장 좋아했던 놀이가 무엇인지 떠올려 보라고 했습니다. 한 남성은 다락방에 올라가 몇 시간이고 놀면서 자신만의 세계를 만들었다고 말했습니다. 그는 그 세계에 고유한 법칙을 부여했고 고유한 놀이 규칙도 만들었습니다. 그리고 그것을 자신의 학교장 활동과 비교하면서 이렇게 생각하게 되었습니다. '그래, 나는 교장으로서 고유한 세계, 학생들이 즐겁게 생활하는 그 인간적 세계를 만드는 게 기쁘다. 나는 교직원들과 함께 고유한 학교 문화를 세우겠다. 사람들에게 서로 이로운 분위기를 만들겠다. 교육부에서 날아오는 번번이 다른 새 지침서를 읽고 불평하는 대신, 내 고유한 학교 세계를 만들겠다. 교육부의 관료주의에 위축되지 않으며, 내적 원천에서 힘을 길어 일하겠다.' 그러면서 문득 그는 이런 상像이 자신에게 힘을 주었음을 알아챘습니다. 그리고 다시 일에 뛰어들 의욕도 새로 생겼습니다.

한 여성 교장은 피구 놀이가 가장 재미있었다고 말했습니다. 친구들과 피구를 할 때면 시간 가는 줄도 몰랐다고 했습니다. 그것이 현재 그녀의 삶에 어떤 상으로 남아 있는지 함께 생각해 보고 있을 때, 그녀가 입을 열었습니다. "제가 학교를 이끄는 방식은 서로 공을 던지는 것입니다." 남성 동료들의 운영 방식을 따라 하는 것, 지시적이거나 권위적인 방식으로 모든 사항을 위로부터 효과 있게 규정하는 것은 결코 그녀에게 중요하지 않았습니다. 도리어 그녀는 자신의 강점을, 자신과 다른 동료들 사이에 '공'이 오가게 하는 데서 찾았습니다. 그녀는 권한을 분배하여, 모든 일을 독단적으로 처리하지 않았습니다. 자신만의 방식으로 '놀이'가 계속되게 했습니다. 그녀가 학교를 이끄는 방식은 동료들만 아니라 학생들도 끊임없이 놀이에 데려와서 모두 함께 놀게 하는 것, 함께 놀며 기쁨을 느끼게 하는 것이었습니다. 이러한 상을, 또한 어릴 적 기억을 떠올리며 그녀는 자신의 능력을 발견했습니다. 그로써 그녀는 맡은 바 직분을 다할 수 있는 자신만의 고유한 방식을 인식했습니다. 그동안 그녀는 여러 재교육 과정에 참가하여 많은 운영 개념을 배웠고, 그것들에 흥미를 느끼기도 했지만, 또한 모든 일을 자신이 일일이 신경 써야 한다는 점에서 힘들고 버겁게 느껴졌습니다. 그녀는 자신의 운영 방식을 자각하고 의식하면서 내적 원천과 접촉했습니다. 그리고 깨달았습니다. 이제 그녀는 탈진하지 않고 맡은 직분에 힘겨워하지 않으면서 내적 원천에서 힘을 길어 올릴 수 있습니다.

다른 한 교장은 농촌에서 자랐는데, 자연에서 일한 게 가장 좋았다고 말했습니다. 교육자라는 자신의 사명에 대한 상으로, 그는 작물을 가꾸고 기르는 모습을 떠올렸습니다. 그는 자신의 가장 중요한 사명이 학생들에게 뭔가를 가르쳐서 아는 게 많아지게 하는 일이라고 생각하지 않았습니다. 그는 학생들이 무럭무럭 성장하도록 이끄는 데 중점을 두었습니다. 농부가 작물과 가축을 정성 들여 가꾸고 돌보듯이 교육자인 그에게도 아이들 안에 숨어 있는 것을 밖으로 끌어내는 일이 중요했습니다. 물 주기, 땅 일구기, 거름주기, 순 자르기, 가지치기 등 모든 상이 그에게 갑자기 떠오르며 현재의 활동과 연결되었습니다. 전에는 자신이 교장이 된 뒤로 점점 관리자나 관료로 전락했다며 한탄을 늘어놓았습니다. 하지만 지금은 자신의 원천과 다시 접촉했습니다. 물론 그도 오늘날 교육이 처한 외적 현실을 쉽게 뛰어넘지는 못할 것입니다. 그럼에도 외적 부담으로 위축되는 대신, 이제 자신의 원천에서 힘을 길어 올리게 되었습니다. 그는 다시 새롭게 기뻐하며 학교로 돌아갔습니다.

한 여성은 다친 동물들을 정성을 다해 끈기 있게 보살폈던 일을 기억했습니다. 그녀는 아픈 사람들을 돕는 일이 자신의 강점임을 깨달았고, 내적 충동에 따라 심리치료사가 되었습니다. 이제 그녀는 자신을 찾아오는 사람들에게 정확한 치료적 처치를 해줘야만 한다는 압박에서 벗어났습니다. 또 어린 시절을 떠올리면서 다친 동물들에게 쏟은 그 사랑과 인내를 다시 느꼈습니다. 그녀는 내담자들을 새로운 눈으로 보았고, 확신을 품고 긴 호흡으로 그들을 마주했습니다.

한 남성은 책 읽기를 무척 좋아했습니다. 그는 지금도 독서를 좋아하며, 어린 시절부터 그랬다고 했습니다. 그는 대화를 나누다가 독서가 원래 자신에게 무엇을 의미했는지 알아챘습니다. 그에게 중요했던 것은 다른 사람들을 공감하는 일, 다른 사람들의 입장이 되어 보는 일이었습니다. 그러면서 그는 그것이 지금도 자신의 과제임을 인식했습니다. 그것은 한 은행을 경영하고 있는 그에게 하나의 바람직한 상이 되었습니다. '나는 사람들에게 내 감정을 이입한다. 회의에서 내 해결 방안이 통과되지 않더라도 화를 내는 대신, 등받이에 몸을 기대고, 나와 견해가 다른 사람들을 이해하려 시도한다.' 그것은 마치 독서와 같습니다. '나는 한 사람의 삶이 담겨 있는 전기를 읽는다. 나 자신을 이입하여 그 삶을 이해하려 시도한다.' 이런 작업은 늘 흥미 있는 일입니다. 이로써 그는 자신의 의견을 관철해야 한다는 압박에서 벗어났고, 더 창의적으로 해결 방안을 찾게 되었습니다.

다른 한 여성은 인형을 가지고 놀았던 게 즐거웠다고 말했습니다. 그녀는 인형에게 먹을 것을 주고 싶어 했는데, 레스토랑 주인이 아니라 교사가 되었습니다. 이 像은 그녀의 내적 동기에 대해 많은 것을 말해 줍니다. 그녀는 교육으로 아이들을 먹여 기르는 선생님이 되기를 원했습니다. 아이들이 피가 되고 살이 되는 무언가를 얻어서 집에 돌아가야 한다고 생각했던 것입니다.

또 다른 여성도 인형 놀이를 즐겼다고 말했습니다. 그녀에게 무엇보다 중요했던 것은 인형들을 아름답게 꾸며 주는 일이었습니다. 그녀도 나중에 교사가 되었습니다. 그녀에게 풍요로운 원천이 된 상은 삶은 아름답다는 사실, 세상에는 아름다운 것이 놀랍도록 많다는 사실을 아이들에게 전해 주는 것이었습니다. 그녀는 아이들에게 이 현실 세계에 대한 감각을 깨워 주는 게 기뻤습니다. 자기 집을 아름답게 꾸미는 일도 기뻤습니다. 플라톤 철학에 따르면 아름다움은 존재의 표현입니다. 존재하는 모든 것은 참되고 선하고 아름답습니다. 이에 따라 나는 아름다움으로 존재에 참여합니다. 이때 나는 나 스스로를 자각합니다. 이때 생기와 힘을 체험합니다. 그리고 결국에는 아름다움으로 하느님 현존에 참여합니다. 아름다움의 체험은 생기와 기쁨의 원천이 됩니다.

이 모든 이야기는 다음과 같은 사실을 명료히 보여 줍니다. 고유한 원천은 우리가 어떤 틀에 구속받지 않도록, 우리를 착취하는 어떤 일을 강요받지 않도록 지켜 줍니다. 우리 안에 있는 맑은 샘에서 물을 길어 올리면 우리는 많은 일을 잘할 수 있으며, 또한 새로운 기쁨과 에너지를 가지고서 하게 됩니다. 고유한 원천은 우리의 몸과 마음을 다시 생기 나게 하고, 우리가 하는 일을 열매 맺게 합니다. 이러한 태도로 접근하면 안간힘을 다해 애를 쓰는 것보다 일이 더 효율적일 것입니다. 어린 시절에서 나 자신을 잊은 순간들, 몰입을 체험한 순간들을 찾으려고 할 때 관건은 다음의 물음에 답을 찾는 것입니다. '나에게 중요한 것은 무엇인가?' '내 안 어디에서 에너지가 솟아 흐르는가?'

내가 내 개인적 원천과 접촉하는 순간, 내 안에서 그리고 나를 통해서 무엇인가 솟아 흐르는 순간을 나는 자각할 수 있습니다. 중요한 것은 에너지가 내 안에서 흐르는 것입니다. 그때 나는 하느님께서 나와 내 존재 안에 넣어 주신 원천과 접촉합니다.

내면의 샘을 위협하는 요인

앞서 거듭 살폈듯이, 우리 안에는 저마다 물을 길어 올릴 수 있는 맑은 샘이 있습니다. 하지만 이 샘으로 들어가는 통로가 막혀 있는 경우가 있습니다. 아니면 우리가 이 샘을 자각하고 있지만, 여기서 물을 길어 마시면 이내 파괴적 패턴들이 모습을 드러내어 더 이상 물을 긷지 못하게 막습니다. 한번은 '당신 삶의 자취를 찾아라'라는 주제로 영성 프로그램을 열어 많은 남녀 참가자와 대화를 나누었습니다. 어린 시절 자기 자신을 잊은 순간들, 자신의 에너지가 솟아 흐른 순간들을 떠올려 보는 연습을 하면서 그들은 내적 생기의 원천을 발견했습니다. 반면 이 원천이 다른 메시지들로 덮여 있는 경우도 적잖이 있었습니다. 아이들은 부모의 기대를 충족시켜야 했습니다. 어떤 부모는 아이들의 개성에 대해 불안을 느꼈고, 아이들은 무엇인가 의미 있는 일을 해야만 몇 시간 뛰놀 수 있었습니다. 아이들이 창의력을 발휘하여 무언가를 해내면, 웃음거리로나 여겼습니다. 이로 인해 많은 아이가 더 이상 제 고유한 원천을 신뢰하지 않았고, 어른들의 기대에 점점 순응했으며, 자기 삶의 에너지를 차단했습니다. 그들은 그렇게 참고 견디며 자랐습니다. 그렇지만 그들 안에서 아무것도 솟아 흐르지 않았습니다. 근본적 원천이 모습을 다시 드러낼 때마다, 그들이 뭔가를 즐겁게 할 때마다 곧바로 초자아의 목소리가 들려왔습니다. 그 목소리는 그들이 자신의 감정을 신뢰하지 못하게 막았습니다. 그들은 머리를 쥐어짜야 했습니다. 무엇이 의미 있는지, 무엇으로 돈을 벌 수 있는지 이리저리 고심해야 했습니다. 그리고 시간이 흐르며 그런 메시지들은 그들 내면에서 일어나는 수많은 충동을 억눌렀습니다. 다른 사람들이 덮어씌운 그러한 억압의 틀은 우리 안에 있는 맑은 샘을 위협하는 한 요인입니다.

또 다른 위협 요인은 다른 사람들에게 너무 많은 힘을 내주는 것입니다. 그러면 우리는 자신과 접촉하지 못하고, 우리 존재를 우리 자신과 맞지 않게 규정하도록 방치합니다. 전형적 사례가 하나 있습니다. 한 여성이 내게 이야기하기를, 한 동료와 가까이 있으면 자기 자신으로 있을 수 없다고 했습니다. 그녀는 직장에서 일을 할 때 그 동료에게 매여 있으며, 그 동료를 무조건 만족시키려 합니다. 그러면서 자신에게 고유한 힘이 있다는 사실을 망각합니다. 그래서 삶이 고단하고 힘겹습니다. 그녀는 자신을 가둬 놓도록 가만히 두었고, 자기 자신에게 머무르지도 않았습니다. 그녀는 그 동료가 가까이 있기만 해도, 이내 자신의 중심에서 벗어납니다. 그리고 이제는 자신의 고유한 생기를 잃었음을 자각하지 못합니다.

영성 프로그램 참가자들과 대화를 나누다가 나는 우리를 내면의 원천과 차단하는 게 무엇인지 질문했습니다. 한 사람은 인간관계가 늘 힘들다고 했습니다. 그는 외적 업무야 내적 원천에서 힘을 길어서 탈진하지 않고 잘 처리할 수 있지만, 다른 사람들에 대해 책임감을 느낄 때는 종일 회의를 하고 나면 녹초가 된다고 말했습니다. 내가 책임을 맡고 있을 때, 다른 사람들이 가진 문제와 나 자신 사이에 일정 거리를 두기란 사실 쉽지 않습니다. 대화가 해결 방안을 가져오는 게 아니라, 문제만 악화시킬 경우에 특히 더 그렇습니다. 이런 경험을 자꾸 한다면 자신에게 물어야 합니다. '누구누구와 대화하면 왜 에너지를 빼앗길까?' '대화를 통해 내가 바라는 것은 무엇인가?' '다른 사람에게서는 어떤 에너지가 나오는가?' '내가 내 한계를 받아들이지 못하고 있는 것일까?' 그리고 책임에 대한 내 관점을 바꿔야 하는 것은 아닌지 잘 생각해 봐야 합니다. 올바른 관점은 이러한 태도일 것입니다. 나는 문제를 해결할 수도 없고, 또 그것은 다른 사람들의 문제라며 쉽게 말할 수도 없습니다. 그러면 다음 날 나는 그 사람들과 그 풀지 못한 문제들을 다시 마주할 것입니다. 오히려 내가 해야 할 일은 지나치게 이상적인 기대와 나 자신을 분리하는 것입니다. 내가 모든 문제를 해결하려 해서는 안 됩니다. 풀지 못한 문제들을 안고 살아도 괜찮습니다. 어쩌면 조화를 이루려는 내 욕구가 지나친 것일지도 모릅니다. 따라서 나는 다음 날 내가 여전히 긴장 상태인 그 상황으로 들어가는 것을 내적으로 허락해야 합니다. 그것을 나에게 허용하면 그 긴장 상황에 힘을 빼앗기지 않을 것입니다. 아마도 밤사이 그 일을 달리 보게 될 것이고, 언젠가는 해결책이 문득 떠오를 것입니다. 자신의 책임을 거부하지 않으면서 그 책임과 건강한 거리를 두는 것은 마치 이편과 저편을 함께 보며 산등성이를 타는 것과 같습니다. 그럼에도 나 자신과 내 책임 사이에 거리를 둘 수 있어야 인간관계에 에너지를 뺏기지 않고, 풀지 못한 문제들을 안고서도 내적 원천과 접촉할 것입니다.

내적 원천을 주제로 강연을 하면 많은 질문을 받습니다. "저는 다른 길로 가고 있는 자식들 걱정에 마음이 괴롭습니다. 제가 어떻게 해야 내적 원천에 접촉할 수 있을까요?" 또 이런 질문도 받습니다. "불안이 갑자기 덮치거나 우울이 내리누를 때, 어떻게 해야 제가 내적 원천에서 힘을 길어 살아갈 수 있을까요?" 이처럼 외적 문제에 시달리는 탓에 자신의 중심을 잃는 사람들이 많습니다. 그들은 자신을 억압하는 상황들에 대해 온 힘을 다해 맞서야 한다고 생각하고, 그러면서 너무 많은 에너지를 써 버립니다. 그들은 뱀 앞에서 몸이 굳어 버린 토끼 같습니다. 토끼는 뱀을 피해 쉽게 달아날 수 있습니다. 토끼는 뱀보다 훨씬 빠릅니다. 그러나 토끼는 고착된 상태로 자신의 힘을 죄다 빼앗기고 창의성도 잃었습니다. 마찬가지로 많은 사람이 외적인 것에 전적으로 고착되어 자신에게 내적 원천이 있음을 잊고 맙니다. 그러니 자신에게 머무르는 것이 무엇보다 중요합니다. 외적 곤경에 처했을 때, 관건은 자기 자신과 자기 중심을 자각하는 것입니다. 이에 도움이 될 아주 단순한 방법들이 몇 가지 있습니다. 예컨대 배 위에 손을 올려놓고 이렇게 상상합니다. '여기 내 안에 원천이 있다. 지금 나는 힘, 창의력, 상상력을 느낀다. 나는 나 자신을 믿어도 좋다. 내 안에 답이 있다.' 그리고 이렇게 자문합니다. '나 자신과 접촉하면 내 안에서 무엇이 올라올까? 내 안에서 어떤 생각이 떠오를까?'

물론 나는 자식 걱정을 그냥 옆으로 밀어 놓지 못합니다. 그 걱정이 나를 따라다닐 것입니다. 그렇지만 그 걱정에 얼마만큼 힘을 줄지는 내가 결정할 일입니다. 나는 선택합니다. 나는 걱정하며 괴로워할 수도 있고, 걱정을 하느님께 맡길 수도 있습니다. 그때 나는 하느님을 바라보며 다시 원천과 연결됩니다. 게오르크 노이마르크의 널리 알려진 노래 「오직 사랑하는 하느님의 섭리에 의탁하는 이」에는 이런 가사가 나옵니다. "우리가 근심할 때 무엇이 도와주랴? 우리가 탄식할 때 무엇이 도와주랴? 우리가 아침마다 불행에 한탄할 때 무엇이 도와주랴?" 그리고 뒤이어 다음과 같은 권고가 대답으로 나옵니다. "노래하라, 기도하라, 하느님의 길을 가라. 너의 일을 성실히 행하고, 하늘의 큰 축복을 믿어라. 너, 새로 축복을 받으리라. 하느님을 굳게 믿는 이여, 그분께서 버리지 않으시리라." 이러한 노래도 걱정과 거리를 두는 데, 그리고 내적 원천과 다시 접촉하는 데 도움이 됩니다.

예수님은 우리에게 외적으로 억눌리는 상황에서 어떻게 대응해야 하는지 당신 행동으로 보여 주십니다. 바리사이들이 간음하다 붙잡힌 여자를 끌고 왔을 때, 예수님은 당신이 궁지에 몰리셨음을 직감하셨습니다. 당신이 하신 모든 말씀을 그들이 시험하려 든다는 것을 알아채셨습니다. 바리사이들이 짜 놓은 판에 들어갔다면 아마 예수님은 패하셨을 것입니다. 그러나 그분은 생각에 잠기셨습니다. 몸을 굽혀 손가락으로 땅에 뭔가 쓰셨습니다. 그분에게 그것은 긴장 상황에서 당신의 내적 원천과 접촉하는 방법이었습니다. 그러다 그분은 몸을 일으키시어 당신을 둘러싼 사람들에게 이르셨습니다. "당신들 가운데서 죄 없는 사람이 먼저 이 여자에게 돌을 던지시오"(요한 8,7). 이 말씀을 듣고 바리사이들은 말문이 막혔고, 하나둘 떠나갔습니다. 예수님은 다른 사람들이 짜 놓은 판을 비켜 가셨습니다. 그분은 잠시 멈추셨고, 그사이 당신의 고유한 중심을 발견하셨습니다. 그분은 그 중심에 머무르시며, 창의적인 해결 방안이 떠오르는 것을 인식하셨습니다. 나는 예수님의 이 대응에 중요한 모범이 숨어 있다고 생각합니다. 다른 사람들에게 고착되는 대신, 어떻게 해야 그들의 기대를 충족시킬 수 있고 어떻게 해야 그들의 적대적 공격에 대응할 수 있는지 고민하는 대신, 일단 멈춰야 합니다. 그리고 나 자신을 자각해야 합니다. 내가 내 중심에 이르면 해결 방안도 발견하게 됩니다. 그 방안은 다른 사람들에게 대응하며 나오는 게 아니라, 내적 원천에서 나오는 것입니다.

자신의 자원에 이르는 방법

고전적인 심리치료에서 관건은 분석이었습니다. 내담자의 문제에 집중하여 그것을 규명했습니다. 오늘날은 점점 더 많은 치료자들이 내담자가 어떤 순간 기분이 날아갈 것 같은지, 어떤 상황에서 문제 해결이 더 수월한지, 어떤 때 기분이 좋고 의욕이 나는지 의식적으로 떠올리게 합니다. 이것은 하나의 중요한 전환입니다. 내담자는 삶을 주도하기 위해 이제 내면의 샘에서 물을 길어야 합니다. 물론 과거의 상처가 거듭 떠오를 것입니다. 하지만 억눌러서는 안 됩니다. 다른 한편 치료자도 내담자의 모든 상처를 해결해야 한다는 압박에서 반드시 벗어나야 합니다. 이것은 내담자를 돕는 데 더 단순할 뿐 아니라 더 효과적인 접근입니다. 이를 통해 내담자는 자신의 자원에 이르는 방법을 찾고, 나아가 자신의 삶을 주도하는 방법도 스스로 찾습니다. 자신의 자원에 이르는 방법은 다양합니다.

상상력

자신의 자원에 이르는 한 가지 중요한 방법은 상상력입니다. 누구나 특정 상황이나 내적 태도를 상상하는 능력을 가지고 있습니다. 상상력은 우리가 서 있는 외부 세계가 우리를 지배하지 못하게 합니다. 우리는 상상 속에서 자신의 세계를 설계할 수 있습니다. 나는 힘든 어린 시절을 보내며 자신의 세계를 세우려고 공상의 힘을 빌린 사람들을 많이 만났습니다. 물론 그와 같은 현실에 대한 반발은 현실 도피가 될 수도 있습니다. 그러나 때로는 당면한 현실이 아이에게 너무 가혹하여, 달리 방도가 없습니다. 한 남성이 나에게 이야기했습니다. 그는 일곱 살 때 종종 이불을 푹 뒤집어쓴 채 손전등으로 그 내적 세계를 비추면서 공상에 빠졌습니다. 그때 늘 한 친구를 상상해 냈는데, 함께 어울려 놀며 무엇인가 새로운 것도 만들었습니다. 이것이 어릴 적 그에게는 자신이 처한 외적 상황에 절망하지 않기 위한 방법이었습니다. 훗날 그는 공상에 힘입어 실제로 사람들과 회사를 만들었고, 그렇게 자신의 세계를 세웠습니다.

의사이자 심리치료사인 루이제 레데만은 심리적 외상 치료에 상상력을 적극 활용합니다. '심리적 외상 치료의 인적 자원'이라는 강연에서 그녀는 후안 히메네스의 시를 인용했습니다. 여기서 시인은 무언가를 생각해 내고 창조해 내는 능력으로 부정적인 세상사에 맞서면서 위협적인 외부 세계를 극복합니다.

햇살이 따스하지 않은 게 나와 무슨 상관인가?
나는 나의 내면에서 푸르른 샘이 솟게 하는데.

눈이 오거나 빛이 비치는 게 어쨌다는 것인가?
나는 나의 가슴속에 이글대는 대장간을 만드는데.

인간의 사랑이 나와 무슨 상관인가?
나는 나의 영혼 안에 영원한 사랑을 일구는데.

이 시에는 자신의 내적 원천과 접촉한다는 것이 무엇을 뜻하는지 명확히 드러나 있습니다. 나는 상상력을 발휘하여 내 내면에

하나의 고유한 세계를 만들 수 있습니다. 나를 힘겹게 하고 슬프게 하는 외부 세계와 마찬가지로, 그 세계는 실제적으로 영향을 미칩니다. 외로움과 쓸쓸함을 계속 호소하는 사람들, 타인의 관심에 의존하여 삶을 사는 사람들이 적잖이 있습니다. 히메네스는 다른 길을 제시합니다. 나는 사랑이 머물 영원의 공간을 내 영혼 안에 마련할 수 있습니다. 이것은 곧, 내가 앓고 있는 사랑의 결핍에 고착되지 않는다는 뜻입니다. 나는 나를 사랑하는지 아닌지 묻기 위해 다른 사람들이 다가오기만 기다리지 않습니다. 나는 내 안에 신적 사랑의 샘이 있음을 상상할 수 있습니다. 그 샘은 결코 마르지 않고 끊기지 않는 영원한 샘입니다. 나는 이를 상상하면서, 경험하지 못한 사랑에 고착되어 위축된 상태에서 벗어납니다.

레데만은 상상을 통해 자신의 원천에 이르는 이 능력은 아주 오래전부터 알려져 있다고 언급합니다. 행복에 이르는 길을 가르쳤던 그리스철학자 에피쿠로스의 제자들은 "멀리서 보면 자신의 고난과 근심이 얼마나 하찮은 것인지 의식하고자, 심상을 통해 자신의 실존 밖으로 관점을" 이동했습니다. 오늘날 이런 '기술'은 그리 특별해 보이지 않습니다. 우리는 산에 오르거나 비행기를 타서 자신의 삶을 조망하는 상상을 할 수 있습니다. 그러면 우리가 지나치게 걱정하는 많은 문제들이 상대화될 것입니다.

예수님 시대에 로마 시인 오비디우스도 이와 비슷한 말을 남겼습니다. "별들의 궤도를 관측하는 것이 즐겁다. 세상일을 잊는 것, 구름을 타는 것, 힘센 아틀라스의 어깨 위에 서는 것, 이리저리 헤매는 사람들을 멀리서 내려다보는 것도 즐겁다." 이런 심상들을 통해 우리들은 힘의 원천, 고요와 평정과 내적 평화의 원천과 접촉합니다. 현대 뇌과학은 "활발한 심상은 상상한 행동과 같은 뇌세포를 활성화한다"라고 규명했습니다. 레데만은 미국 다이빙 선수 로리 윌킨슨의 실례를 들며, 내적 상상이 어떤 힘을 발휘할 수 있는지 언급했습니다. 윌킨슨은 2000년 올림픽을 준비하다가 발가락 세 개가 부러졌습니다. 더 이상 훈련할 수도, 물에 뛰어들 수도 없었습니다. 그녀는 어떻게 했을까요? 그녀는 날마다 몇 시간씩 점프대 위에 앉았습니다. 그리고 마음의 눈으로 바라보면서 점프의 모든 동작을 가장 작은 부분까지 연습했고, 결국 금메달을 땄습니다.

심리치료사들은 우리가 어떤 상황에 있을 때 기분이 좋은지 스스로 물으라고 조언합니다. 그리고 그 상황 속에 내적으로 들어가 보라고 말합니다. 이를 통해 우리는 자신에게 잠재한 가능성과 에너지를 만나게 됩니다. 또 심리치료사들은 우리가 가진 문제에 대해서만 논하거나 우리의 고통과 약점에 집중하는 대신, 우리가 무엇을 잘하는지, 어떤 상황에서 능력을 보여 주는지, 어

떤 일을 부담 없이 해내는지 살펴보도록 독려합니다. 우리의 가
능성과 능력을 접촉하도록 격려합니다. 우리는 저마다 강점을
가지고 있습니다. 하지만 그것을 종종 간과하는데, 약점에 고착
되어 있는 탓입니다.

기억

　　상상력과 더불어 기억도 힘을 길어 낼 수 있는 주요 원천입
니다. 고대 그리스인들은 우리에게 건강한 삶의 기술을 일러 주
는 아홉 뮤즈를 알고 있었습니다. 뮤즈들의 어머니는 기억의 신
므네모시네입니다. 그리스인들은 기억이 성공적인 삶을 사는
데 큰 도움이 된다는 것을 알았습니다. 그들은 망각의 강 레테에
서 물을 떠 마시지 말라고 경고하며, 우리를 기억의 샘으로 인도
합니다. 고대 로마 정치가요 철학자인 키케로가 전하는 바에 따
르면, 그리스인들은 위로의 뜻으로 서로 이렇게 불렀습니다. "당
신이 인간으로 태어났음을 기억하라!" 그들은 자신이 신에게서
나온 더 고귀한 출신임을 상기했습니다. 그것을 의식하며 상처
를 치유했습니다. 성 아우구스티누스는 기억을 하느님 체험의
가장 귀한 수단으로 기술했습니다. 인간은 영혼 내부에서 인간
자체보다 더 내부적인 하느님을 만납니다. 아우구스티누스에
따르면 인간은 '기억'(memoria) 속에서 "자기 근원과 자기 생명의
원천"(R. Körner)을 생각합니다. 헨리 나웬은 사목자들의 가장 중

요한 과제가 기억이라 했습니다. 나웬은 사목자들이, 자신이 영적으로 동반하고 있는 사람들을 기억을 통해 치유해야 한다고 확신합니다. 과거의 상처에 대한 기억 없이는 치유도 없습니다. 그런데 관건은 '우리가 과거를 어떻게 기억할 것인가'입니다. 우리가 무언가를 어떻게 느낄지는 기억의 방식에 달려 있습니다. "양심의 가책은 우리를 압박하는 기억이다. 죄책감은 비난하는 기억이다. 감사는 기쁘게 하는 기억이다. 그리고 이 모든 감정은 우리가 과거의 체험들을 이 세상 속의 우리 현존에 편입시킨 방식으로부터 깊은 영향을 받았다. 실제로 우리는 기억을 도구로 이 세상을 지각한다." 이처럼 나웬은 과거의 상처에 대한 기억이 치유의 전제 조건이라 말합니다. 그리고 독일 철학자 막스 셸러를 인용합니다. "무언가를 기억하는 것이 기억한 그 사실이나 사건으로부터 벗어나는 시작이다." 나는 지금까지 살아오며 겪은 고통스러운 체험들을 떠올리면서 그것들의 파괴적인 힘으로부터 벗어납니다. 말하자면 내 영혼의 밭에 쌓인 낙엽들을 치웁니다. 그래야만 신적 사랑의 태양이 내 안에서 꽃들이 피어나게 합니다.

그러나 우리가 겪은 고통스러운 체험들만, 그저 밀어내려 해서는 안 될 그 체험들만 중요한 것은 아닙니다. 곧, 치유의 길은 우리가 살아오며 겪은 아름다운 체험들을 떠올리는 데 있습니다.

그것들은 우리가 행복을 느낀 체험이나 나 자신과 일치를 이룬 체험일 수 있습니다. 그것들은 기분 좋은 등산이나, 타인과의 기쁜 만남, 무언가를 해낸 경험일 수 있습니다. 우리는 자신이 전에는 어떻게 위기를 극복했는지 기억해야 합니다. 우리는 누구나 난관에 대처할 능력이 있습니다. 이 능력은 우리가 의식적으로 상기할 때 다시 우리 안에서 발휘됩니다.

이런 치료적 관점은 신학적 차원에도 적용됩니다. 하느님이 우리 삶에 무엇을 선사하셨는지, 어떤 상황에 있을 때 그분을 체험했는지, 그분은 어떤 상황에서 우리의 곤경을 뒤집으시어 당신 사랑을 증명하셨는지 우리는 떠올려야 합니다. 믿음은 우리가 하느님의 활동을 기억함으로써 존재합니다. 믿음의 본질은 우리가 삶의 풍파 가운데서도 굳건히 서 있는 것입니다. 전례는 우리가 예수님의 치유 활동을 기억하며 지금 여기에서 참여함으로써 존재합니다. 우리는 예수님이 하신 일을 상기하고 재현하며 그 치유 사건에 참여합니다. 플라톤도 기억에 관하여 비슷한 사유를 펼칩니다. 이 고대 철학자에 따르면 인간의 영혼은 세상에 태어나기 전에 지녔던 본질을 기억합니다. 그리스도교적 관점에서 말하자면 우리는 자신의 참된 본질, 신적 본성, 하느님이 만들어 주신 유일한 모습을 기억합니다. 이 본원적인 모습, 거짓 없는 모습을 떠올릴 때 우리는 일상에서 부딪히는 갈등들의 구속에서 벗어납니다. 이 모습은 삶의 풍파 가운데서도 우리 내면에 무엇인가 다른 것이 있음을 보여 줍니다. 우리에게 내적 거리와 자유, 평정을 마련해 줍니다.

베레나 카스트는 무엇보다 기쁨을 느꼈던 상황들을 떠올려 보라고 조언합니다. 우리는 기쁨의 전기傳記를 써야 합니다. 자신의 삶에서 무엇이 기뻤는지, 그리고 그 기쁨을 어떻게 표현했는지 기억하면서 우리는 기쁨과 접촉합니다. 카스트는 기쁨을 우리 안에서 무언가를 움직이는 고양된 감정으로 봅니다. 우리는 저마다 경험하여 알고 있습니다. 내 안에서 기쁨을 느낄 때, 우리는 어떤 일을 잘할 뿐 아니라 기꺼이 하게 됩니다. 우리는 또 알고 있습니다. 우리가 기쁨을 '만들어 낼' 수는 없겠지만, 지난날에 체험했던 기쁨을 다시 떠올릴 수는 있습니다. 이런 기억 행위 가운데서 창조적 원천이 우리 안에 되살아납니다. "이른바 고양된 감정 중 하나인 기쁨 속에서 우리는 현존의 충만을 체험하고, 생명성·에너지·육체성·타인과의 결속을 체험한다. 몰아의 상태에서 자기 존재를 체험하고, 희망을 새롭게 체험한다. 우리는 인간의 삶에는, 아무리 힘겨울지라도, 저마다 기쁨의 오아시스가 있음을 체험한다. 우리가 기쁨을 기억하는 동안, 이 오아시스가 다시 기쁨을 가져다준다."

정신과 의사 에크하르트 시퍼도 베레나처럼 어린 시절의 행복한 체험들을 떠올리라고 조언합니다. 이는 무엇보다 우리의 감각이 충만해진 체험들을 뜻합니다. 어릴 적에 마음껏 뛰놀며 온 감각을 동원하여 세상을 지각했다면, 공상을 통하여 행복한 체험과 접촉하기 위한 감각 경험이나 표상이 충분할 것입니다. 그런 경우 무언가를 체험하는 데 계속해서 새로운 외적 자극이 필요하지는 않으며, 우리는 자신의 공상으로 고유한 세계를 만들어 낼 수 있습니다. "나는 이루 말할 수 없이 자유롭고 독립적이다. 나는 상상의 나래를 한껏 펼칠 수 있다. 나에게 기쁨을 주는 것을 내가 마법으로 만들어 내기 때문이다. … 기쁨은, 삶의 기쁨은 무한한 상상을 먹고 내적 지각으로 들어간다." 에크하르트 시퍼는 스웨덴 작가 아스트리드 린드그렌이 자서전에서 어린 시절에 관해 기술한 내용도 언급합니다. "우리는 더없이 자유롭게 놀았으며, 누구의 감시도 받지 않았다. 우리는 놀고 또 놀았다." 린드그렌이 그토록 많은 사람의 마음을 움직인 데는 아마도 그녀가 풍요로운 기억의 샘에서 물을 길은 이유도 있을 것입니다. 또 그녀의 작품들에 담겨 있는 경쾌함은, 분명 그녀가 어린 시절 뛰놀면서 체험한 경쾌함에서 나왔을 것입니다. 어릴 적에 이런저런 공상에 빠져 지칠 줄 모르고 놀았던 사람, 공상의 날개를 펼쳐 여러 놀이를 스스로 만들었던 사람은 어른이 되어서도 마르지 않는 그 공상의 샘과 늘 접촉하여 일합니다.

레오 리오니의 시적 동화 『프레드릭』*Maus Frederick*은 기억이 주인
공 프레드릭에게 어떤 능력을 부여하는지 보여 줍니다. 들쥐 프
레드릭은 추운 겨울이 오자 여름의 온기와 갖가지 색깔을 떠올
려서 다른 들쥐들에게 들려줍니다. 그리고 이는 프레드릭을 치
유할 뿐 아니라, 추위에 떠는 다른 들쥐에게도 햇빛과 온기를 전
해 줍니다. 이 이야기가 전 세계 수백만 독자들의 마음에 가닿은
것에는 다 이유가 있습니다. 지난날의 아름다운 체험들을 생생
히 떠올릴 줄 아는 사람은 실로 마르지 않는 샘에서 물을 긷습니
다. 그리고 주위 사람들도 감사와 기쁨의 샘으로 인도합니다. 그
가 자신의 기억을 들려주는 동안 다른 사람들도 행복 체험으로
이끌어 주기 때문입니다.

적극적 상상 기법

　　카를 융이 발전시킨 적극적 상상(또는 적극적 명상)은 내적 자원
을 발견하는 중요 방법입니다. 이 방법으로 우리는 무의식의 내
용을 상상합니다. 융에게 무의식은 삶을 쇄신하는 원천입니다.
우리는 적극적 상상을 통해 무의식에 이릅니다. 적극적 상상은
우리에게 계속해서 나아갈 수 있는 방법을 알려 주며, 우리가 가
져다 쓸 수 있는 원천들도 드러내 줍니다. 융은 적극적 상상을
특히 꿈을 다루며 발전시켰고, 그림이나 춤 또는 상상을 통한 무
의식의 의식화가 영혼에 치유 효과가 있다고 확언했습니다. 융

은 의도적으로 '적극적' 상상이란 말을 썼습니다. 한편으로 그에게 관건은 그저 무엇인가 벌어지게 두는 것, 환상의 여지를 마련해 두는 것, 그리하여 환상이 일어나는 것입니다. 다른 한편으로 그에게 중요한 것은 그 환상의 방향을 돌리는 일입니다. 환상은 꿈이나 무의식의 내용으로부터 나옵니다. 그리고 단순히 파괴적일 뿐인 환상을 마음에 그리거나, 복수심을 환상으로 펼쳐서는 안 됩니다. 오히려 이에 윤리적 태도가 필요합니다.

더 구체적으로 살펴보면 적극적 상상은 꿈 작업에서 이렇게 연계될 수 있습니다. 나는 영화관에 홀로 앉아 있는 모습을 상상합니다. 내 옆에는 영사기가 놓여 있습니다. 영사기에 내 꿈이 담겨 있는 필름을 넣습니다. 이제 나는 내 꿈의 필름을 상영할 수 있습니다. 동의하는 장면이 나오면 필름을 더 천천히 돌립니다. 특정한 장면을 멈춰 그 속으로 들어가 볼 수도 있습니다. 그리고 꿈속 인물들과 대화를 나누기 시작합니다. 아니면 그 장면을 가만히 바라보며, 나에게 무엇인가 영향이 미치게 합니다. 그 꿈속 장면은 내 안에 그려지면서 나에게 치유 작용을 일으킬 수 있습니다.

우울증에 걸린 한 여성이 내게 이야기하기를, 꿈에서 밝은 빛을 보았는데 잠에서 깨어나자 기분이 한결 나아졌다고 했습니다.

이 꿈을 해석하는 것은 별로 의미가 없습니다. 내적 빛의 모습을 묵상하는 편이 더 도움이 됩니다. 나는 이렇게 빛으로 내적 어둠을 몰아냅니다. 이제 나는 기분이 한결 나아집니다. 나는 내 안에 빛의 샘이 있으며, 이 샘이 내 안을 온통 환히 비춤을 자각합니다.

이에 성공한 사람은 꿈을 계속 이어 갈 수 있습니다. 그는 꿈속 장면을 들여다보며, 환상이 자유롭게 펼쳐지게 합니다. 그러면 그 꿈이 더 생생해지고 선명해집니다. 가끔은 꿈을 계속 꾸다 보면 당면 문제에 대한 해결 방안이 보이기도 합니다. 음악을 전공하는 한 대학생이 있었습니다. 그녀는 칼을 들고 다가오는 한 남자에 대한 꿈을 꿨습니다. 비명을 지르며 잠에서 깼지만, 적극적 상상 기법으로 그 꿈을 다시 이어 갔습니다. 그 남자가 그녀에게 칼을 건네주었고, 그 순간 그녀는 깨달았습니다. '내 한계를 더 분명히 그어야 해. 공부도 피아노 연습도 과도하게 하는 습관을 끊어야 해.' 그녀는 이 기법으로 자신의 한계를 그을 줄 알게 되었습니다.

베레나 카스트는 적극적 상상 기법을 더 발전시켰습니다. 카스트는 적극적 상상으로 과거 상황을 떠올려서 그것에 색을 입히거나 무엇인가 미래적인 것, 타인에게 무엇인가 도움이 되는 것을 머릿속에 그려 보라고 조언합니다. 우리는 이 기법으로 어떻게 문제를 해결하면 좋을지, 어떤 내적 태도를 성숙시켜야 할지 상상할 수 있습니다. 또 자신이 세운 이런저런 계획들도 시험할 수 있습니다. 카스트는 이를 심리치료에 이용합니다. "우리는 자신에게 편안한 공간을 상상으로 만들어 볼 수 있다. 그리고 그 공간에서 자신의 정체성을 확고히 할 수 있다. 우리는 그곳에 문제를 세워 두고 그 문제와 맞서 볼 수 있다."

심상 요법은 미국 방사선종양학과 의사 칼 사이먼턴이 암 환자들을 치료하다가 개발했습니다. 그는 시각화를 통해 환자의 자가 치유력을 깨우고자 합니다. 그에게는 정신적 차원도 중요해서, 환자들에게 신념 체계를 바꿀 것을 권합니다. 흔히 삶에 대한 우리의 견해는 우리가 떠안고 있는 여러 문제의 영향을 받습니다. 사이먼턴에게 신념이란 내 삶을 바라보고 이해하는 한 방식으로, 삶을 더 좋게 살아가는 데 도움이 됩니다. 미국 심리학자 진 악터버그는 사이먼턴과 비슷하게 내적 심상을 다룹니다. "우리의 마음은 심상으로 사고한다"고 악터버그는 확신했습니다. 긍정적 심상을 명상하면, 그 심상이 내게 치유적으로 작용합니다. 그 심상을 내면에 그리면, 그것이 몸과 마음을 이롭게 합니다. 악터버그는 환자들에게 치유적 장소, 곧 건강과 안녕을 느끼는 장소를 상상해 보라고 권합니다. 치유적 장소를 상상하며 몸과 마음은 때때로 생기를 얻고 치유됩니다.

적극적 상상 기법은 인간의 상상력을 활용합니다. 우리 내면에 치유의 상이 준비되어 있다고 인식합니다. 우리는 이 치유의 상을 활성화할 수 있습니다. 그런데 성경에도 여러 치유의 상이 있습니다. 예컨대 '불타는 떨기', '성전', '포도나무' 같은 표상이 그렇습니다. 이 표상들을 내면에 그리면, 이것들이 우리 중심을 잡아 줍니다. 자신의 중심과 접촉하게 되고, 다시 그 중심에서 내 안에서 솟는 샘과 접촉하게 됩니다. 여기서 중요한 것은 성경 속 표상을 생각하고 연구하는 게 아니라, 내면에 그려서 상상하는 것입니다. '나는 불타는 떨기다. 불에 타는데도 타서 없어지지 않는다. 하느님의 영광으로 가득 차 있다.' '나는 성전이다. 넓디 넓고 아름답다. 영원하신 하느님이 내 안에 사신다.' '나는 포도나무다. 하느님의 사랑을 먹고 자란다.' 이 표상들은 내가 누구인지, 어떤 사람인지 보여 줍니다. 내 삶을 가로막는 병든 자아상을 바로잡아 줍니다. 그리고 하느님이 내 안에 만들어 놓으신 가능성을 드러내 줍니다.

우리는 안 좋은 상황에 처했을 때도 적극적 상상을 실행할 수 있습니다. 그로써 외적 여건의 위협으로부터 벗어날 수 있습니다. 행여 적대적인 이들에게 둘러싸여 있더라도, 우리는 상상력이란 재능으로 자신에게 힘을 주는 세상 속에 침잠할 수 있습니다. 반 나치 저항운동을 벌여 사형선고를 받은 개신교 신학자 디트리히 본회퍼도 테겔 형무소에서 이를 실행했습니다. 그는 상상 속에서 비좁은 감옥 밖으로 나왔습니다. 그는 이 적극적 상상을 중요한 원천으로 삼아, 비인간적 환경을 버티며 인간 존엄을 지켰습니다.

몸과 마음이 건강해지려면

최근 새로운 이론적 지향이 나타났습니다. 유다계 의료사회학자 에런 안토노프스키가 제시한 건강생성 이론입니다. 그는 홀로코스트 피해자들을 연구하여 다음과 같은 사실을 밝혀냈습니다. 똑같이 끔찍한 체험을 겪었는데, 그것이 어떤 사람들에게는 파멸과 질병으로 나타난 반면, 다른 어떤 사람들은 더 강인해지고 건강해졌다는 것입니다. 그는 이런 의문을 던졌습니다. "한 인간이 상처에 파멸하지 않고, 외려 성장하기 위한 전제 조건은 무엇일까?" 그 결과 그는 '무엇이 인간을 병들게 하는가'가 아닌 '무엇이 인간을 건강하게 하는가'라는 주제에 집중했습니다. 이 것은 관점의 근본적 전환으로, 점차 많은 심리치료사와 의사들이 이를 받아들였습니다. 이제 건강심리학이라는 한 분야가 따로 있어, 사람들을 자신의 자원으로 이끌어 삶을 성취하게 돕습니다.

'건강생성'(Salutogenese)이란 용어에서 라틴어인 '건강'(salus)에는 구원이란 뜻도 있습니다. 구원은 그리스도교에서 중요한 개념입니다. 예수님은 '구원자'(salvator)이십니다. 사목심리학자 크리스토프 야콥스는 자신의 박사 학위 논문에서 최신 건강 연구와 안토노프스키 이론을 사목자 탈진에 적용하려 시도했습니다. 야콥스는 탈진 증세의 치료만 아니라, 내적 자원의 육성도 필요하다고 주장합니다. 그는 안토노프스키의 건강생성 모델을 설명하며, 몸과 마음의 건강생성에 결정적 요소가 통합감이라고 말하는데, 통합감은 근본 신뢰, 의미 있는 세상에 고정되어 있음을 뜻합니다. 다시 말해 통합감은 모든 것이 결속되고 결합되어 있는 상태를 가리킵니다. 이것은 외부 세계만 아니라, 내적 세계에도 해당합니다. 내 안에서 발견하는 모든 것이 있는 그대로 괜찮습니다. 모든 것이 의미 있습니다. 나는 무언가를 이해할 수 있고, 무언가를 형성할 수 있습니다. 나는 내 마음 안에서 만나는 모든 것, 혹은 외부 세계에서 나에게 다가오는 모든 것에서 성장의 도전을 발견합니다. 나는 내 정신을 통해서도, 외부 세계를 통해서도 과도한 요구를 받고 있다고 느끼지 않습니다. 오히려 정반대입니다. 나는 성장하고 싶습니다. 나는 나를, 그리고

세계를 개선하고 싶습니다. 나는 더 인간다운 세상을 위해 참여
하고 싶습니다.

야콥스의 기술에 따르면 통합감은 이해 가능성(세계의 의미)과 형
성 가능성(자원, 재능), 유의미성(도전, 참여)으로 표현됩니다. 통합감
이 생기려면 세 가지 내적 요소가 필수적입니다. 견고성(전망 가능
성, 인생 경험의 설명 가능성), 무거운 짐과 가벼운 짐의 균형, 결정 과
정에 대한 참여가 그것들입니다. 견고성의 반대는 취약성입니
다. 어떤 사람들은 태어날 때부터 자신의 삶을 취약한 것으로 체
험합니다. 그들은 삶의 집을 안전한 땅 위에 짓지 못합니다. 자
신의 삶을 만들어 가기 어려워합니다. 그러나 그들이 자신의 삶
을 이해하면 삶을 만들어 가는 길도 곧 찾아냅니다. 건강을 생
성하기 위해서는 무거운 짐과 가벼운 짐의 균형을 찾는 게 중요
합니다. 끊임없이 과도한 요구를 받는 사람은 자신의 삶을 주도
할 능력을 잃습니다. 반면 항상 과소한 요구만 받는 사람은 자신
을 개선할 의욕을 잃어버립니다. 그는 늘어집니다. 탄력을 잃습
니다. 큰 짐을 매번 피하는 사람들에게는 때때로 삶 자체가 짐이
됩니다. 그들은 자신의 삶을 과도한 요구로부터 보호해야 한다
고 생각합니다. 그렇지만 실은 그로써 스스로 무거운 짐을 짊어
집니다. 그들은 외부로부터 주어지는 짐을 감당하여 성장하지
않습니다. 그들에게 삶은 더 이상 지고 가지 못할 짐이 됩니다.

결정 과정에 대한 참여는 사회적 요소입니다. 나는 나의 삶에 대해 다른 사람들과 대화를 나눌 수 있어야 합니다. 또한 나의 일에 대해 결정하고, 나의 주위 세상을 만들어 가는 것에 대해 결정을 내릴 때도 그렇습니다. 자신의 미래에 대한 결정이 외부적 힘에 달려 있다고 지각하는 사람은 고유한 자원과의 접촉을 잃습니다.

에런 안토노프스키는 개인적 자원과 사회적 자원을 구분합니다. 이 두 원천에서 힘을 길어 내는 사람은 스트레스를 무거운 짐이 아닌, 도전으로 경험합니다.

안토노프스키는 개인적 자원으로 다음의 요소들을 열거합니다. 정신적 건강, 통합감, 실패를 감내하는 태도(삶에 대한 전반적인 희망적·낙관적 태도), 자신이 삶의 주요 사건에 영향을 미칠 수 있다는 주관적 확신, 자기 신뢰(문제 상황을 극복하는 능력이 자신에게 있다는 확신), 도전 정신(변화는 당연한 것이며 자극은 성장을 위한 것이라는 확신), 자기존중감(쉽게 무너지지 않는 안정적인 자기 체계), 안정적 정서, 태연한 자기 평가(극적인 변화가 일어나도 태연하고 차분한 태도, 만족한 태도를 유지하거나 회복하는 능력)가 그것들입니다. 우리는 이 모든 자원을 우리 안에서 발견할 수 있는데, 또한 개발할 수도 있습니다. 이따금 이 자원들은 상처나 갈등 상황으로 인해 파묻혀 있습니다. 이때 심리치료사나 사목자들의 과제는 사람들을 다시 고유한 자원으로 이끄는 것, 갈등에 대처하고 삶의 도전에 직면하는 능력에 눈뜨게 하는 것입니다.

우리가 가져다 쓸 수 있는 사회적 자원도 개인적 자원과 마찬가지로 중요합니다. 건강 연구자들은 바람직한 인간관계가 건강과 삶의 성취에 본질적으로 기여한다는 사실을 인식했습니다. 그들은 외부에서 침입해 온 병원체에 대항하는 '사회적 면역 체계'를 언급합니다. 한 공동체의 중요 구성원이라는 자각은 한 사람의 건강과 기대 수명에 큰 영향을 미칩니다. 야콥스에 따르면 사회적 자원은 다음과 같습니다. "친밀한 정서적 생활 조건(가정이나 공동체의 존중, 온정, 배려, 상호 지지), 적절한 근로 조건(좋은 근무 환경, 자유로운 의사 결정, 잠재 능력과 비전을 펼칠 기회), 원만한 대인 관계, 적절한 물질적 생활 조건(주거, 소득), 사회적 지원 제도(보건, 교육, 사회 안전, 문화), 안정적 정치 체제"가 그 자원들입니다.

많은 경우 사회적 자원은 이미 마련되어 있습니다. 우리는 이에 감사해야 합니다. 그러나 때로는 사회적 자원을 직접 창출하거나, 아니면 적어도 그것을 강화하는 데 기여해야 합니다. 이것은 예컨대 직장 조직에 적용됩니다. 경영진은 직원들이 일하고 싶은 환경을 만들어 줘야 합니다. 더불어 모든 직원이 서로 대화를 나누고 일의 진행을 투명하게 알 수 있도록 조직을 만들어야 합니다. 사회적 자원을 장려하는 것은 기업, 교회, 마을 공동체, 상호부조 공동체의 과제입니다. 그런데 사회적 자원을 이용하는 각 개인에게도 책임이 있습니다. 사회적 자원을 가져다 쓰는 개인들 또한 그것을 관리하고 강화해야 합니다.

건강생성 모델은 우리에게 한 가지 중요한 사실을 깨닫게 합니다. 내적 원천의 탐색이 건강을 위한 결정적 조치라는 것입니다. 우리는 자신의 삶에서 겪은 상처에만 집중해서는 안 됩니다. 지금 여기에서 어떤 자원을 쓸 수 있는지 찾아 나서야 합니다. 이 자원들 가운데 일부는 어린 시절의 체험을 통해 이미 주어졌는데, 우리는 이것을 적절한 조건을 조성하여 개발할 수도 있습니다. 가령 중요 결정 과정에 참여하거나, 과도한 요구와 과소한 요구의 균형을 이루는 것입니다.

나는 안토노프스키가 발전시킨 건강생성 이론을 접하자 즉시 깊은 인상을 받았습니다. 자신의 내적 원천과 접촉하여 힘을 길어 내는 한 가지 좋은 방법이 거기에 있음을 알아챘습니다. 그리고 사람들과 상처에 대해서만 대화하는 대신, 그들의 내적 자원을 거듭 알려 주는 것이 내 바람임을 깨달았습니다. 우리 안에는 저마다 원천이 있습니다. 우리 각자의 내면에 우리에게 힘을 주고 상처를 낫게 하는 원천이 있습니다. 이 원천은 우리에게 힘을 북돋우고 상처를 치유합니다. 그리고 우리 삶을 스스로 만들어 가면서, 건강과 삶의 기쁨을 누릴 수 있게 합니다.

내면 아이

최근 심리학자들이 새롭게 발견한 한 가지 원천은 이른바 '내면 아이'입니다. 이 주제를 다룬 책들이 그동안 많이 나왔는데, 내용은 이렇습니다. 우리 각자의 내면에는 한때 자신이었던 어린 아이가 있습니다. 그 아이는 상처받은 아이로, 우리가 품에 안아 위로하고 보살펴야 합니다. 우리는 그저 슬퍼하는 대신, 부모의 마음으로 그 '버림받은 아이'를 대해야 합니다. 그 아이는 우리 자신입니다. 우리는 의지할 데 없는 그 아이, 상처받은 그 내면 아이에 대한 책임을 부여받았습니다. 그런데 우리 내면에는 '신성한 아이'도 있습니다. 신성한 아이는 우리 안에 잠재한 가능성, 곧 창의력과 상상력에 대한 가능성을 상징합니다. 이것은 우리가 태어날 때 하느님께서 주신 선물입니다. 이것은 우리 나름의 방식으로 무언가를 생각하고 느끼는 능력이며, 또 우리가 자신의 삶을 이해하고 만들어 가는 지극히 고유한 양식입니다.

『그대 삶의 자취를 찾아라』*Finde deine Lebensspur*라는 책에서 나는 우리가 어린 시절 체험한 상처에 대해 몇 가지를 언급했습니다. 이 주제로 강연한 적도 있는데, 한 여성이 나에게 물었습니다. "아버지에게 받은 상처에 어떻게 대응해야 할지 잘 모르겠습니다." 그녀가 태어나자마자 아버지가 떠났습니다. 그녀는 아버지에 대해 아는 게 전혀 없습니다. 아버지가 누구인지도, 지금 어디에 있는지도 알지 못합니다. 그녀에게 남은 것은 버림받은 상처뿐입니다. 그때 나는 고통을 의식하는 것, 고통을 억압하지 않는 것이 중요하다고 말할 수밖에 없었습니다. 그렇지만 그 누구도 항상 고통에 머물러 있을 수는 없습니다. 그러면 그녀는 지금 곁에 없는 아버지에게 구속되어 자기 자신을 규정하게 됩니다. 그녀는 영원토록 버림받은 게 아닙니다. 아버지가 한 번도 보살펴주지 않았더라도 그녀는 내면에 아버지 원형을 가지고 있습니다. 그녀는 이 원형을 아버지 역할을 대신해 주는 이들, 아버지 특성을 제공해 주는 이들에게 투사할 수 있습니다. 그런데 결국은 그녀의 내면에도 무엇인가 아버지다운 것이 들어 있습니다. 그녀는 자신 안에 있는 버림받은 아이의 아버지가 되어야 합니다. 외롭고 힘들어도 용기 있게 살아가게 그 아이를 격려해야 합니다. 언젠가 그녀는 하느님을 아버지로 체험할 수 있습니다. 하느님을 나를 도와주시는 분, 보호하시는 분, 격려하시는 분으로 체험하는 것입니다.

전 같으면 치료자가 버림받음이란 문제를 다루려 했을 것입니다. 자원에 초점을 맞춘 치료적 접근도 이 문제를 건너뛰지는 않지만, 내담자가 자신의 내적 원천에 이르도록 돕습니다. 여기서 우선 관건은 체험입니다. 어린 시절 자신이 보호받고 있으며 강하다고 느꼈던 체험을 내담자가 떠올리게 해 줍니다. 그런 다음 치료자는 내담자가 어린 시절 무슨 일을 해냈는지 묻고, 그것을 지지하고 강화합니다. 앞서 언급한 여성은 아무튼 지금까지 버림받음을 견뎌 냈습니다. 그녀 자신 안에 힘이 있음을 보여 주었습니다. 물론 그녀는 아직 버림받음에 괴로워합니다. 더는 살기 힘들다는 생각도 가끔 합니다. 그러나 그녀는 어머니가 자신을 보살펴 주었음에 의지할 수 있습니다. 어머니는 그녀에게 헌신했습니다. 이는 이미 그녀에게 힘을 길어 낼 수 있는 긍정적 원천이었고, 그녀는 자신의 강점을 발전시켜 앞으로 나아갔습니다. 그렇습니다. 우리는 저마다 의식하여 강화할 수 있는 자원을 가지고 있습니다.

나는 부모가 자신에게 상처만 주었다며 한탄하는 사람들을 많이 만납니다. 부모가 자신을 인정하지도, 결코 칭찬하지도 않았다며 그들은 괴로움에 시달립니다. 그래서 오륙십 대가 되어서도 아버지에게 칭찬을 받거나, 어머니에게 사랑한다는 말을 듣고 싶어 합니다. 이해는 가지만, 그러한 갈망은 그들을 의존적으로 만듭니다. 여기서 중요한 것은 자신이 스스로 아버지가 되고 어머니가 되는 일입니다. 내 안에 있는 어떤 부성과 모성이 버림받은 아이에게 향할 수 있습니다.

그러나 내 안에 버림받은 아이만 있는 것은 아닙니다. 신성한 아이도 있습니다. 내면 아이는 신성한 아이입니다. 이 신성한 아이는 내 안에 상처받은 어린아이만 있는 게 아니라, 나보다 더 큰 존재, 나보다 더 위대한 존재도 있음을 보여 줍니다. 신성한 아이는 창의력과 상상력의 원천, 생기와 신뢰의 원천, 힘과 에너지의 원천입니다. 그런데 신성한 아이는 내 안에 있는 상처받은 아이를 수용해야 비로소 접촉할 수 있습니다. 융에게 신성한 아이는 우리 삶을 쇄신하는 힘을 내재한 하나의 원형입니다. 이 아이가 우리 안에 나타나면, 에너지가 솟아나게 하고 창의력의 샘이 넘쳐흐르게 합니다. 한때 융은 개인적 위기에 빠져 있었습니다. 삶이 멈춰 있던 그때, 불현듯 융에게 어린 시절의 추억이 떠올랐습니다. "그때 나는 집짓기 놀이에 푹 빠져 있었다. … 놀랍게도 이 추억이 떠오르며, 어떤 감정도 함께 올라왔다. 내가 나에게 말했다. '아하, 이게 삶이구나. 그 어린아이는 여전히 거기 있고, 지금 내게는 없는 창의적인 삶을 살고 있구나.'" 융은 어린 시절의 창의적 놀이를 떠올리며 내적 위기를 극복하고, 다시 생기 있고 창의적인 삶을 살아가는 데 도움을 얻었습니다. 우리도 같은 체험을 할 수 있습니다. 힘이 말라 버렸다면 우리는 신성한 아이를 기억해야 합니다. 어릴 적 그 아이가 어떻게 놀았는지, 그 아이에게 어떤 창의력과 상상력이 숨어 있는지 떠올려야 합니다. 내 안의 신성한 아이와 관계를 맺을 때, 우리는 새롭게 생기를 얻고 풍성한 열매를 맺을 것입니다.

· 3 ·

성령의 샘

우리가 저마다 내면에서 발견하는 원천들에 대해 감사하면 좋
겠습니다. 그것들은 우리가 세상에 태어났을 때 하느님이 주신
선물입니다. 우리가 가지고 있는 이런저런 소질들은 우리의 공
로가 아닙니다. 다른 한편 부모님께 받은 원천이나, 교육으로 배
운 원천, 친구들의 영향으로 얻은 원천도 있습니다. 우리는 이
인간적 원천들을 통과하여 어떤 실재實在를 맞닥뜨릴 때까지 더
깊이 파 내려가야 합니다. 나는 이 실재를 지하수에 비유하고 싶
습니다. 인간적 원천도 생기를 주며 중요하지만, 한계가 있습니
다. 그래서 우리가 내면의 마르지 않는 샘을 갈망하는 것입니다.
이 샘은 우리 자신으로부터 비롯된 게 아니라, 하느님이 주신 선

물입니다. 이 성령의 샘은 우리 모두의 내면에서 솟아 흐르고 있습니다. 하지만 우리는 흔히 이 샘과 차단되어 있거나 이 샘을 거들떠보지 않습니다. 나에게 영성은 성령의 샘으로 살아가는 것입니다. 독일어로 '영성'(Spiritualität)이란 말은 라틴어의 '영'(spiritus)에서 나왔습니다. 그리고 영성이란 성령으로 말미암은 삶을 의미합니다. 그런데 이는 구체적으로 무슨 뜻일까요? 우리가 어떻게 해야 성령의 샘으로 살 수 있을까요? 우리는 어떻게 내면의 샘을 체험할까요? 내가 성령의 샘으로 산다는 것을 어디서 알 수 있을까요?

이 물음들에 대한 답을 나는 성경적·철학적 전통으로부터 찾으려 합니다. 동시에 내게 늘 중요한 물음은 '성령의 샘이 우리 삶에서 구체적으로 어떻게 드러나는지', 그리고 '우리가 어떻게 해야 성령의 샘으로 살 수 있는지'입니다. 지금 우리가 성령의 샘이라 부르는 것은 어떤 추상적인 것이 아닙니다. 그것은 직관적이며 활동적입니다. 그것은 구체적으로 덕으로 드러나며, 또한 우리 영혼의 힘을 깨우는 태도, 끄집어내는 태도로 드러납니다. 성령의 샘으로 사는 사람은 삶을 성취하고 삶을 새롭게 맛보는 체험을 합니다. 어떤 드넓음과 자유로움, 생기와 사랑을 체험합니다. 우리는 한 사람이 발산하는 빛을 보면 그가 어떤 원천에서 힘을 길어 살아가고 일하는지 알아챌 수 있습니다. 예컨대 우리는 강연이나 공적 행사에서 권력욕과 권세욕, 탐욕과 허영을 확실히 느끼고는 합니다. 누군가 자신을 내보이고 주의를 끌려고 하면, 자신이 무엇인가 더 큰 것에 사로잡혀 있음을 보여 주려 하면 사람들은 대부분 눈치채기 마련입니다. 또 누군가 그저 자신을 과시하려 들면 사람들은 목소리만 듣고도 알고, 그의 몸짓이나 골라 쓰는 말에서도 알아차립니다. 반면 누군가 성령의 샘에서 나오는 말을 하면 그 말을 듣고 있는 사람들도 마음이 편합니다. 그들은 자신이 곁에 받아들여졌음을, 더 큰 관계 속에 받아들여졌음을 느낍니다.

우리는 이것을 타인들만 아니라, 우리 자신에게서도 알아차릴 수 있습니다. 성령의 샘에서 물을 긷는 사람은, 말하자면 자신 안에 한없는 에너지를 갖고 있는 것입니다. 그가 어떤 일을 하면 무엇인가 가벼운 기운이 발산됩니다. 긴장된 기운이 느껴지지 않습니다. 자신이 탈진했다면, 자신에게 불만족스럽다면 이는 우리가 성령의 샘에서 물을 긷지 않았다는 뜻입니다. 자신을 정직하게 마주한다면 우리는 깨달을 것입니다. '나한테는 성공, 사람들의 갈채가 중요했구나!' 이것은 큰 행사 때나 대외적 관계에서만 알게 되는 것이 아닙니다. 일상적인 일을 할 때도 우리는 자신이 어떤 샘에서 물을 긷고 있는지 문득 깨닫습니다. 분노가 인다면, 자신이 이용당했다는 기분이 든다면 이는 우리가 자아(ego)의 샘에서 물을 길어 올린 것입니다. 우리는 자신을 증명하고 싶어 합니다. 타인에게 자신의 존재를 내보이고 싶어 합니다.

우리가 성령의 샘에서 물을 긷는지 아닌지 알 수 있는 한 가지 기준은 우리가 다른 의도 없이 이 순간 주어진 일에 뛰어드는 것입니다. 우리는 뭔가를 씁니다. 그리고 그저 쓰기만 합니다. 우리는 통화를 합니다. 그리고 온전히 대화에 빠집니다. 시계를 쳐다보지도, 처리해야 할 이런저런 일을 생각하지도 않습니다. 이는 "모든 일에 있어 하느님께서 영광을 받으시도록"이란 성 베네딕도의 권고가 뜻하는 바이기도 합니다. 여기서 베네딕도는 수도승들이 제 기술을 과시하여 다른 사람들을 무시하지 않도록, 제 노동이 수도원에 큰 이익을 가져온다고 판단하지 않도록 경고합니다. 그런 식으로 생각하는 사람은 자신의 일에 집중하지 않습니다. 자신의 생각에 붙들려 있습니다. 그는 다른 사람들에게 집중하여, 어떻게 해야 그들에게 좋은 인상을 줄지 머리를 굴립니다. 수도승은 "온갖 겸손을 다하여 그 기술을 사용"(『베네딕도 수도규칙』 57,1)해야 합니다. 그리고 자신이 만든 물건들을 시중보다 싸게 팔아, 다시 여기서도 "모든 일에 있어 하느님께서 영광을 받으시도록"(『베네딕도 수도규칙』 57,2) 해야 합니다. 베네딕도는 이 경고를 베드로 1서에 나오는 한 구절과 연관 지었습니다. "말하는 사람은 하느님의 말씀을 말하고, 봉사하는 사람은 하느님께서 주신 힘으로 봉사해야 합니다. 그래야 예수 그리스도를 통하여 하느님께서 모든 일에 영광을 받으실 것입니다"(1베드 4,11). 수도승은 자신의 일을 하느님이 주신 힘으로 해야 합니다. 달리 말해 자신의 모든 말과 행동이 성령의 샘에서 나오게 해야 합니다. 그러면 그의 말과 행동은 다른 맛을 냅니다. 영광(doxa), 광채, 아름다움, 열려 있음, 가벼움의 맛을 냅니다. 그것은 결국 신적인 맛, 하느님에게서 나오는 맛입니다. 그리고 그 맛을 사람들은 알아챌 수 있습니다. 사람들은 누군가가 자신을 과시하려 드는 것인지, 아니면 자신보다 더 큰 것에 열려 있는 것인지 금세 알아차리기 마련입니다.

성령의 샘에서 물을 길어 일을 하면 더없이 특별한 기운이 발산됩니다. 우리는 일할 의욕이 생깁니다. 우리 주위에 무엇인가 꽃이 핍니다. 주위 사람들도 자신이 하는 일에 기쁨을 느낍니다. 성령의 샘에서 물을 긷는 사람은 무엇인가 가볍게 일합니다. 그는 창의력과 상상력이 넘칩니다. 그는 주위에 많은 영향을 미치며, 사람들을 위해 풍요로운 열매를 맺습니다. 이처럼 의욕 있게 일하는 것, 가볍게 일하는 것은 우리의 힘으로 이루어 내는 게 아닙니다. 우리가 내면의 샘과 접촉할 때, 그리고 그 물이 우리 행동으로 흘러들게 할 때 이 작용이 일어나는 것입니다. 그러면 우리는 피로하더라도 탈진하지 않습니다. 온종일 보람차게 일하고 나면 저녁에는 피로가 몰려오기 마련입니다. 그래도 그것은 특별한 종류의 피로입니다. 피로해도 기분이 좋습니다. 우리는 하느님과 이웃을 위해 온 힘을 다한 것에 감사합니다. 하지만 탈진은 다른 것입니다. 녹초가 되며 만족스럽지도 않습니다. 지칠 대로 지쳤는데 잠도 잘 못 잡니다. 예민해지고 자꾸 화를 냅니다. 무엇인가 일을 끝마치고 우리 안에 남은 뒷맛, 바로 이것이 우리가 어떤 샘에서 물을 길었는지 알 수 있는 한 기준입니다. 그리고 우리가 흐린 샘에서 물을 길었다고 해도, 이에 화를 내거나 흐린 샘에 맞서 싸워서는 안 됩니다. 오히려 중요한 것은 더 깊이 파 내려가는 것입니다. 그러면 우리는 흐린 샘 저 아래에 있는 성령의 샘, 그 맑은 샘과 맞닥뜨릴 것입니다. 성령의 샘은 이미 우리 안에 있습니다. 우리의 과제는 오직 그 샘을 영혼 깊은 곳에서 발견하는 일입니다.

영적 자극

우리는 우리의 일을 위해, 말을 위해, 삶을 위해, 그리고 건강을 위해 물을 길을 샘이 필요한데, 이 샘의 표상을 신약성경, 특히 요한복음서에서 발견합니다. 예수님은 당신을 믿는 사람에게 약속하십니다. "생수의 강이 그의 속에서 흐를 것입니다"(요한

7,38). 복음사가 요한은 우리 안에서 흐르는 이 샘이 성령을 가리키는 것이라고 명확히 해석합니다. "예수께서는 당신을 믿는 이들이 받게 될 영을 두고 이렇게 말씀하셨다"(요한 7,39).

예수님은 야곱의 우물에서 사마리아 여인과 이야기를 나누시며, 영원히 목마르지 않을 물을 주겠다고 약속하십니다. 그렇다면 그 여인은 더는 야곱의 우물에서 물을 길을 필요가 없을 것입니다. 이제 그 여인 안에서 언제든 마실 수 있는 샘이 솟을 것입니다. 당신을 믿는 사람에게 주실 그 물에 관해 예수님이 말씀하십니다. "내가 줄 물을 마시는 이는 영원히 목마르지 않을 것입니다. 내가 줄 물은 오히려 그 사람 안에서 샘이 되고 그 물은 솟아올라 영원한 생명을 누리게 할 것입니다"(요한 4,14). 사마리아 여인은 그 약속에 마음이 사로잡혀 예수님께 청합니다. "주님, 저에게 그 물을 주십시오. 그러면 제가 목마르지도 않을 것이고 물을 길으러 여기에 오지 않아도 되겠습니다"(요한 4,15). 우리는 이 소망을 잘 이해할 수 있습니다. 어떤 우물에서 계속 끊임없이 물을 길어야 한다면, 게다가 밖에서 길어 온 그 물로 그저 잠시 목을 축여야 한다면 누구라도 고될 것입니다. 여기서 우리가 갈망하는 것은 영원히 솟는 내면의 샘입니다. 그 샘을 우리에게 주시겠다고 예수님이 약속하십니다. 사마리아 여인의 갈망은 생명을 향한 갈증을 풀어 주는 샘이고, 예수님은 그 영원한 생명을 약속하십니다. 영원한 생명은 충만한 삶, 지금 이 순간을 사는 삶입니다. 그것은 영원과 찰나, 하늘과 땅, 하느님과 인간이 일치를 이루는 현존입니다. 예수님은 그 여인에게 깊디깊은 갈증을 풀어 주는 물, 내적으로 메마르지 않게 해 주는 물을 약속하십니다. 또한 예수님은 결코 마르지 않는 사랑의 샘에 관해서도 말씀하십니다. 그녀의 여섯 남자를 언급하십니다. 그녀는 사랑을 갈망했지만 그들은 충족시켜 주지 못했습니다. 예수님이 주시는 물을 마신다면, 그분이 약속하신 바와 같이 사랑을 향한 그녀의 갈망이 채워질 것입니다. 그러면 그녀는 자신을 사랑으로 가득 채워 줄 남자를 더 이상 기다리지 않을 것입니다. 그녀는 자신의 내면에서 무한한 신적 사랑의 샘을, 그녀 안에 있는 성령의 샘을 발견할 것입니다.

샘의 표상은 요한복음서에 반복하여 등장하는 주요 상징입니다. 여기에 나오는 두 가지 치유 이야기가 못가에서 펼쳐집니다. 두 이야기의 주제는 예수님이 병자들을 내면의 샘과, 결국 신적인 샘과 접촉하게 하신다는 것입니다. 요한에 따르면 병자는 성령의 샘에서 나오는 물을 다시 마실 줄 알아야 실로 건강해집니다. 첫째 이야기의 주인공은 서른여덟 해나 병을 앓아 더는 자신을 지킬 힘이 없는 불구자입니다. 그때 벳자타 못가에는 많은 병자가 누워 있었는데, 그도 거기에 있었습니다. 병자들은 물이 출렁거릴 때 못에 맨 먼저 들어가 치유되기를 기다렸습니다. 그런데 그는 못에 들어갈 기회를 잡지 못했습니다. 다른 병자들이 항상 그보다 앞섰습니다. 예수님은 그가 누워 있는 모습을 보시고 그의 사정을 아시자 치유하십니다. 그런데 그분은 단지 아시는 것에 그치지 않고, 그를 충동하는 물음을 던지시며, 자기 자신 밖으로 끌어내십니다. "당신은 건강해지기를 원합니까?"(요한 5,6). 누구나 당연히 건강해지고 싶어 합니다. 그럼에도 병을 안고 사는 사람들이 있습니다. 물론 그들은 병에 걸려 이로운 점도 있습니다. 자신의 삶을 책임질 필요가 없고, 항상 타인들의 보살핌을 받을 수 있습니다. 예수님은 물음을 던지시며 그 병자 안에 숨어 있는 힘을 끌어내려 하십니다. 그에게도 에너지 원천이 있습니다. 건강해지려면 그는 먼저 이 내면의 원천과 접촉해야 합니다. 그렇지만 그 병자는 물음에 답하지 않고, 자신이 왜 건강해질 수 없는지 말합니다. 이 같은 변명에 예수님은 우리의 기대와 달리 이해도 공감도 표하지 않으십니다. 그분은 오히려 이렇게 시키십니다. "일어나 당신의 침상을 들고 걸어가시오"(요한 5,8). 여기서 우리는 그분이 그 병자를 내면의 샘과 접촉하게 하신다고 말할 수 있을 것입니다. 그분에게 치유란, 사람들로 하여금 내면의 샘의 치유력과 교류하게 만드는 것입니다. 그분은 그저 한 말씀을 하시거나 당신 손을 대시는 것으로 병을 쫓아내지 않으십니다. 그 병자는 스스로 일어나 걸어갈 수 있습니다. 그렇지만 그러려면 자기 연민이란 흐린 샘에서 물을 긷는 것을 그만

뒤야 합니다. 내면의 샘에 이르기 위해 그는 더욱 깊이 파 내려
가야 합니다. 그를 살게 하는 에너지가 그 샘으로부터 넉넉하게
흘러나옵니다.

둘째 치유 이야기는 실로암 못에서 펼쳐집니다. 이 이야기는 흐
린 샘이 눈을 흐리는 현상을 다룹니다. 흐린 샘에서 물을 긷는
사람은 사물을 있는 그대로 보지 않습니다. 우리 눈은 성령의 샘
에서 나오는 물을 마실 때 밝아집니다. 밝은 눈은 현실을 똑바로
보게 해 줍니다. 요한에 따르면 실로암은 "파견된 이"(요한 9,7)라
는 뜻입니다. 그러니 그 못은 예수님, 하느님이 파견하신 그분을
가리킵니다. 그곳에서 예수님은 날 때부터 눈먼 사람을 고쳐 주
십니다. 그분은 땅에 침을 뱉고 그 침으로 진흙을 개어 그 사람
의 눈에 바르십니다. 그리고 그에게 이르십니다. "실로암 못으로
가서 씻으시오"(요한 9,7). 그는 못으로 가서 눈을 씻고 앞을 보게
됩니다. 곧, 예수님은 그 눈먼 사람을 먼저 자신의 진실과 직면
하게 하십니다. 그가 흙에서 왔음을, 그 자신 안에 더러움도 있
음을 일깨우십니다. 그분은 지금껏 앞을 보지 못한 그의 눈에 진
흙을 바르시고, 그로써 눈을 감게 하십니다. 그때 그 눈먼 사람
은 내면을 들여다보고 거기서 자신의 참된 모습을 발견해야 합
니다. 그런 다음에야 예수님이 그에게 씻으라고 이르십니다. 그
는 자신의 참된 존재를 가로막는 온갖 탁함을 씻어 내야 합니다.

그리고 자신을 내면의 샘과 차단하는 더러움으로부터 정화되어야 합니다. 때때로 사람들은 심리치료를 받은 뒤에 말 그대로 눈이 더 좋아집니다. 예컨대 한 남성은 근시였는데, 갑자기 안경이 필요 없어졌습니다. 치료 과정에서 그는 자신의 진실을 두 눈으로 볼 용기를 냈고, 그로써 현실도 밝은 눈으로 바라볼 수 있게 되었습니다.

두 치유 이야기는 우리에게 샘의 다섯 가지 의미를 가르쳐 줍니다. 샘은 생기 있게 하고, 정화하며, 치유합니다. 또한 샘은 열매 맺게 하고, 강해지게 합니다. 성령의 샘은 생기 있게 합니다. 그 샘에서 물을 긷는 사람을 보면 살아 있다는 인상이 듭니다. 그가 내는 의견은 막혀 있지 않고 새롭습니다. 그런 사람에게서는 새로운 아이디어가 나옵니다. 성령의 샘은 정화합니다. 자신이 내적으로 오염되었다고 느끼는 사람들이 많습니다. 다른 사람들과 일을 하다 보면, 끊임없이 주위로부터 흐린 감정, 탁한 감정도 함께 받아들이기 마련입니다. 우리는 정서적 공해에 시달립니다. 그래서 맑은 샘, 성령의 샘으로 정화되기를 갈망합니다. 하느님이 우리에게 저마다 만들어 주신 본래 모습, 왜곡되지 않은 모습이 다른 사람들이 우리에게 덮어씌운 모습들로 탁해졌습니다. 성령의 샘을 떠올리면 우리가 이 탁함으로부터 거듭 벗어나는 데 도움이 됩니다. 그래야 하느님이 주신, 탁해지지 않은 순수한 모습이 우리 안에서 밝게 빛날 것입니다.

요한복음서의 두 이야기가 보여 주듯, 성령의 샘을 떠올릴 때 치유도 일어납니다. 내가 경험하고 이해한 바에 따르면 영적 동반이란 사람들을 내면의 샘과 접촉하게 하는 일입니다. 이 작업이 잘 이루어지면 치유가 일어나는 경우도 많습니다. 정신적 상처의 영향이 사라집니다. 우리를 생기 있게 하는 샘물, 치유하는 샘물이 흘러들어 가서 상처를 정화하고 낫게 합니다. 융은 인간이 '성스러운 것'(Numinose)과 접촉해야 비로소 병이 낫는다는 것을 경험했습니다. 치유가 효과적이려면 치유적인 샘이 필요합니다. 우리 안에 이 치유적 에너지가 있습니다. 이 에너지는 하느님에게 받은 것입니다. 예수님은 사람들을 이 내면의 샘과 접촉하게 하여 병을 고쳐 주십니다. 그래서 우리는 성령 강림 대축일에 부속가로 이렇게 기도합니다. "병든 것을 고치소서." 우리가 숨을 들이쉬고 내쉬며 느낄 수 있는 성령은 치유의 힘입니다. 숨을 쉬며 그 힘이 상처에 흘러들게 하면, 우리는 상처가 치유되리라 믿게 됩니다. 상처가 그리 쉽게 사라지지 않더라도 성령은 고통을 덜어 주는 기름과 같습니다. 그 치유의 힘은 상처받은 인간에게 이롭습니다.

결국 성령의 샘은 열매 맺게 합니다. 많은 사람이 거듭 고통을 겪습니다. 그들은 자기 자신과 자신의 삶을 불모의 광야로 체험합니다. 아무것도 피어나지 않습니다. 모든 게 텅 비어 있고,

모든 게 메말랐으며, 모든 게 다 타 버렸습니다. 그들은 번뜩이는 생각을 하지 않습니다. 자신이 할 일을 하기는 하지만 창의적이지는 않습니다. 그들에게서는 이 세상을 열매 맺게 하는 것이 도무지 나오지 않습니다. 나치에 저항한 예수회 신부 알프레트 델프는, 1944년 감옥에서 부속가를 묵상하며 당대가 불모의 시대임을 인식했습니다. 전 세대가 분별력을 잃었다고 생각했습니다. 델프가 60여 년 전 감지한 바는 오늘날 더 시의적입니다. 온갖 발명과 기술 발전에도 불구하고 우리 시대는 내적 풍요를 상실한 듯합니다. 이 같은 현상에 정치권이 이리저리 대처하고 있기는 하지만, 설득력 있는 정책이나 변화를 이끌어 낼 비전은 부족합니다. 이 시대에는 성령의 샘이 더 절실합니다.

예수님은 포도나무의 비유에서 말씀하십니다. "나는 포도나무요 여러분은 가지들입니다. 내 안에 머무는 사람, 그리고 내가 그 안에 머무는 사람, 그런 사람은 많은 열매를 맺습니다. 나 없이는 여러분이 아무것도 할 수 없기 때문입니다"(요한 15,5). 나는 자신의 삶에서 무언가를 이루어 내려고 안간힘을 쓰는 사람들을 많이 봤습니다. 하지만 아무리 기를 써도 그들의 삶은 열매 맺지 못했습니다. 흔히 이는 그들이 모든 것을 자신의 힘으로만 이루려 한다는 한 표지입니다. 우리 삶은 더 위대한 것이 흘러들 수 있어야 열매가 열립니다. 예수님은 우리에게 포도나무의 비유로 가르치십니다. 신적 사랑의 강에 연결되어 있어야, 신적 사랑의 샘에서 물을 길어 올려야 비로소 우리 삶과 우리 행동이 열매를 맺습니다.

영의 열매

사도 바오로는 성령의 샘이 우리 삶을 열매 맺게 한다는 것을 갈라티아서에서 성령의 아홉 가지 열매를 열거하며 보여 줍니다. 바오로는 성령을 갖가지 열매가 자라는 샘으로 이해합니다. 그 열매들은 결국 덕을 의미하는데, 바오로는 이를 그리스철학, 특히 스토아철학의 윤리학에서 가져왔습니다. 우리는 이 아홉 가지 덕을 우리가 힘을 길어 올릴 수 있는 원천으로 이해해도 좋습니다. 그것들은 우리가 삶을 주도하는 데 도움이 됩니다. 그것들은 우리 삶을 의미 있게 만들어 주는 가치입니다. 라틴어로 '덕'(virtus)이란 말에는 '힘' 또는 '힘의 원천'이란 의미가 있습니다. 우리는 그 원천에서 힘을 길어 삶을 잘 살아갈 수 있습니다. 아홉 가지 덕은 우리 영혼 속에 잠재된 힘과 접촉하게 해 주며, 우리는 그 힘을 사용하여 삶을 주도할 수 있습니다. 바오로에게 중요한 것은 우리 삶이 성취되는 것입니다. 또 성령이 우리 안에 작용하여, 그 작용을 사람들이 보게 되는 것도 중요합니다. 우리는 성령을 그 열매들에서 인식할 수 있습니다.

"영의 열매는 사랑, 기쁨, 평화, 인내, 호의, 선의, 성실, 온유, 절제입니다"(갈라 5,22-23). 바오로는 영의 '열매들'이 아닌 '열매'라고 말합니다. 이는 그 원천이 오직 하나라고 생각하기 때문입니다. 성령은 영의 열매가 인간에게 드러나는 원천입니다. 그 열매는 인간이 취하는 다양한 태도와 인간이 살아가는 데 필요한 여러 덕으로 나타납니다. 여기에는 다중적 관계가 있습니다. 한편으로 우리는 덕을 성령의 샘에서 자라는 열매로 볼 수 있습니다. 다른 한편으로 덕은 또한 우리를 덕이 피어나는 내면의 샘으로 인도합니다. 그리고 우리에게 덕은 일상을 열매 맺게 하고 성취되게 하는 힘의 원천입니다.

바오로가 언급하는 첫째 태도는 *사랑*입니다. 이를 가리키는 그리스어 단어는 '아가페'*Agape*입니다. 이 단어로 바오로가 말하려는 것은 사랑의 요구가 아닙니다. 우리가 때로 우리 안에서 감지하는 사랑, 그 사랑의 질입니다. 이따금 우리는 다른 누군가를 사랑하는 체험만 아니라, 우리가 곧 사랑인 체험을 하기도 합니다. 그때 우리는 사랑을 마치 하나의 힘, 하나의 원천으로 체험합니다. 그 사랑은 마르지 않고 우리 안에서 솟아 흐릅니다. 바오로는 사랑을 이렇게 말합니다. "사랑은 언제까지나 스러지지 않습니다"(1코린 13,8). 복음사가 요한은 우리 안에서 흐르는 이 사랑을 여러 표상으로 묘사했습니다. 예컨대 카나의 혼인 잔치가 그렇습니다. 하느님이 우리와 하나가 되시면 우리가 마시는 물이 포도주로 바뀌어 우리 삶이 새로운 맛, 사랑의 맛을 냅니다. 포도나무의 비유에서 요한은 우리가 그 나무와 어떻게 연결되어 있는지, 곧 우리가 그분과 어떻게 이어져 있는지 기술합니다. 포도나무는 사랑의 샘을 의미합니다. 또 포도주는 상징적으로 항상 사랑과 관련되어 있습니다. 우리가 우리 안에 있는 사랑을 샘으로 체험하면 그 사랑이 우리로부터 흘러나와 이 세상에 존재하는 모든 것으로, 우리를 둘러싼 자연과 사람들로, 심지어 방에 있는 가구나 물건들로 들어갑니다. 우리는 자신에게 사랑을 강요해서는 안 됩니다. 사랑은 그저 존재할 뿐입니다. 사랑은 우리 행동에 다른 맛을 냅니다. 그러면 우리는 다른 사람들 곁에 있는 게 어렵지 않습니다. 우리 안에서 흐르는 사랑이 다른 사람들에게서 오는 사랑도 감지하게 해 주기 때문입니다.

특히 타인들을 돕는 직종에서 사람들이 끊임없이 경험하는 바가 있습니다. 그들은 다른 사람을 좋아하는지 아닌지에 따라 탈진을 달리 경험하기도 합니다. 어떤 사람이 다른 사람에게 다가가기 어려워한다면 그는 모든 만남을 업무와 부담으로 체험하게 됩니다. 그러나 어떤 사람이 다른 사람을 사랑한다면 그는 기꺼이 그들 곁에 머물게 되며, 또 그들로부터 새로운 힘을 얻게 됩니다. 그렇다고 그런 직종에서 일하는 사람들에게 다른 사람을 사랑하기 위해 반드시 노력해야 한다며 도덕적으로 지적질해서는 안 됩니다. 그런 식으로 노력하는 사랑은 금세 고갈되며,

억지처럼 보여 상대에게 가닿지도 않습니다. 하지만 우리 안에 사랑의 샘이 있음을 신뢰하면 우리는 기꺼이 타인 곁에 있게 됩니다. 우리는 아무것도 할 필요가 없습니다. 사랑이 그저 흐르게 하면 되고, 그러면 많은 사랑이 돌아오게 됩니다. 사랑은 흘러갔다가 또 흘러옵니다. 이 사랑을 바오로는 성령의 샘으로 여깁니다. 물론 이는 부모와의 사랑 체험, 친구와의 사랑 체험에 기초합니다. 그러나 이 사랑은 자연에서 솟는 샘 이상으로, 결국 성령의 선물입니다. 하느님으로부터 흘러나와 다함이 없습니다.

둘째 태도, 곧 우리가 서로 함께 물을 길어 올리는 둘째 샘은 기쁨입니다. 무언가를 할 때 기쁨이 따르면 더 많은 일을 더 잘할 수 있음은 누구나 압니다. 그런데 기쁨은 어디에서 오는 것일까요? 왜 이 일은 나를 기쁘게 하는데, 저 일은 그렇지 않을까요? 이것은 외적 상황에 달려 있을까요? 아니면 나의 내적 태도, 내 관점에 좌우되는 것일까요? 분명 다른 일들보다 나에게 더 잘 맞는 일들이 있기는 합니다. 어릴 적 우리는 이런 일들을 항상 신나게 했을 것입니다. 이런 일들을 돌이켜 보면, 당시 우리에게 큰 기쁨을 주었던 무언가가 떠오를 것입니다. 반면 우리에게 내적 저항을 일으키는 일들도 있습니다. 우리는 그냥 뛰놀고 싶었지만 그런 일들을 해야만 했습니다. 사실 부모님도 그 일들을 기분 좋게 했던 것은 아닌 듯합니다. 물론 우리는 어릴 적 감정에만 매여 있지 않습니다. 우리는 자신이 하는 모든 일에서 기쁨과 접촉할 수 있습니다. 이 기쁨은 우리 마음 저 깊은 곳에 늘 준비되어 있습니다. 어떤 관점에서 보면 우리는 누구나 어릴 적 기쁨을 체험했습니다. 뛰어놀았을 때든, 축제에 갔을 때든, 산책을 했을 때든, 엄마 아빠와 함께 어떤 일을 했을 때든 우리는 기쁨을 체험했을 것입니다.

우리가 과거의 경험들을 떠올릴 때만 기쁨과 접촉하는 것은 아닙니다. 기쁨은 지금 우리 안에 있습니다. 우리의 과제는 이 내면의 샘을 믿는 것, 그리고 의식으로 끌어올리는 것입니다. 우리는 흔히 이 샘과 차단되어 있습니다. 이 샘 위로 어두운 그림자가 드리워 있습니다. 그러나 내면 저 깊은 곳에 귀를 기울이면 우리의 슬픔과 분노, 그 아래에서 기쁨의 샘을 발견하게 됩니다. 이 샘에서 물을 길으면 자신의 삶, 자신과 함께 살아가는 이들, 자신이 하는 일, 자신에게 다가오는 모든 일에 대해 기뻐하게 됩니다. 우리는 자신에게 일어나는 일에서 어떤 위협이 아니라 하느님의 선물을 봅니다. 그분께서 우리에게 기대하시는 것, 때로 우리에게 요구하시는 것을 봅니다. 이러한 기쁨은 마음에서 흘러나와 외적 행동으로 들어가고, 이로써 우리 행동도 달라지게 됩니다.

바오로에게 기쁨은 사랑과 마찬가지로 하나의 고유한 힘입니다. 우리 안에 있는 성령이 기쁨으로 표현됩니다. 성령은 기쁨으로, 그저 우리 안에서 솟아 흐르는 샘으로 나타날 수도 있지만, 때로 구체적인 기쁨으로 나타나기도 합니다. 이것은 주님에 대한, 그분께서 곁에 계심에 대한, 그분께서 주신 은총에 대한 깊은 내적 기쁨입니다. 이 기쁨은 우리가 슬픔이나 시련 가운데서 기뻐할 줄 알 때, 바로 이때 나타납니다. 자신이 약하게 느껴지더라도, 다른 사람들의 악의를 그저 견뎌야 하더라도 이 기쁨은 우리 안에 있습니다. 물론 우리가 어떻게 기뻐할 것인가는 자신의 성격에도 달려 있습니다. 자신의 기질에 따라, 또는 교육의 영향을 받아 더 밝고 쾌활한 사람들이 있습니다. 반면 어두운 성격과 우울한 경향의 사람들도 있습니다. 그것은 신체적 · 정신적으로 제약이 될 수 있습니다. 그들은 그런 기질에 저항하지 못하고, 그 기질을 그냥 가지고 있습니다. 그들도 똑같이 기쁨의 샘에서 물을 길을 것이라고 기대하기는 어렵습니다. 그럼에도 바오로는 성령이 모든 이들에게, 곧 우울한 이들과 절망한 이들에게도 이 기쁨의 샘을 마련해 놓았다고 확신합니다. 슬픔과 불안이란 감정에 억눌려 있더라도, 우리는 파편 더미 속에 파묻혀 있는 기쁨을 찾아내야 합니다. 이 기쁨은 우리 영혼 깊은 곳에 이미 있습니다. 이 기쁨은 파괴할 수 없습니다. 교부들은 말합니다. 우리가 박해받을 때도, 병들었을 때도, 죽음에 이를 때도 기쁨은 늘 우리 안에 있습니다.

성령의 셋째 샘은 <u>평화</u>이며, 우리는 이 샘에서 서로를 위해 물을 길어 올릴 수 있습니다. 평화는 하느님의 은총입니다. 주석가들에 따르면 히브리어로 '평화'(shalom)는 '안녕과 행복을 포괄하는 개념'이며, '무사'와 '건강', '충만'을 가리키는 말입니다. 신약성경은 예수님을 이렇게 말합니다. "그리스도는 우리의 평화이십니다"(에페 2,14). 분명 초기 그리스도인들은 예수님이 전하신 평화의 복음을 들었으며, 또한 그분을 자기 자신과 평화를 이룬 인간, 자신으로부터 이 세상에 평화를 보낸 인간으로 체험했습니다. 자신과 평화를 이루는 사람은 자신이 해야 할 일을 서두르지 않고 침착하게 해냅니다. 그렇지만 자신과 불화하는 사람은 많은 일을 움켜잡은 채로 버거워합니다. 그는 내적 방어와 저항에 가로막힙니다. 탈진의 원인은 흔히 그런 내적 저항과 분열에 있습니다.

한 여성은 많은 일을 하고 싶었지만, 무진 애를 써야 다른 동료들과 어느 정도 보조를 맞추었습니다. 그녀는 대화를 나누다가 자신이 정말 많은 힘을 소진했음을 깨달았습니다. 그녀는 자신과 일치를 이루지 못했고, 무언가를 할 때마다 이렇게 고민했습니다. '남들이 나를 정말 어떻게 생각할까?' 내가 인정을 받고 있는지, 또는 내가 낸 성과가 괜찮은지 하는 문제는 사실 그녀에게 그리 중요하지 않았습니다. 오히려 일을 하며 그녀의 머릿속에 있던 것은 다른 사람들이 자신의 내밀한 생각들을 알아채지는 않을까 하는 문제였습니다. 이를테면 자신의 얼굴에서 성적 환상을 읽어 낼지 모른다는 것이었습니다. 내적 분열에서 비롯된 그런 강박관념 때문에 그녀는 스스로 차단되었고 위축되었습니다.

자신과 일치를 이루는 사람은 일에 뛰어들 수 있습니다. 우리가 억압하는 모든 것, 우리가 자신 안에서 평화를 이루지 못하고 있는 모든 것이 우리의 일과 삶을 가로막습니다. 또 그것들은 우리의 내적 힘을 너무 많이 소진시킵니다. 소진된 사람들과 대화를 나눠 보면 금방 깨닫는 게 있습니다. 그들이 탈진한 것은 일의 양이나 일의 유형 때문이 아닙니다. 타인들이 그들에게 거는 기대나 그들 삶의 외적 상황 때문도 아닙니다. 주된 원인은 그들이 자신 안에서 느끼고 있는 불화입니다. 결국 그들은 삶에 저항하는 것이며, 하느님이 요구하시는 바를 거부하는 것입니다. 차라리 그들은 망상에 빠져듭니다. 자신의 삶은 이래야 한다는 망상 속에서 살아갑니다. 그들이 품은 망상과 처한 현실 사이의 괴리에 그들은 에너지를 죄다 빼앗깁니다.

바오로에게 평화는 성령의 열매입니다. 하지만 이는 평화가 단순히 위로부터 주어진다는 의미가 아닙니다. 우리는 평화의 선물을 받아들이되 우리 자신과 화해하면서, 불편하게 느껴지는 자신의 어두운 면과 평화를 이루면서 받아들여야 합니다. '평화를 이루다'(*pacisci*)라는 말은 본래 '대화하다', '협의하다'를 의미합니다. 우리는 자신 안에 떠오르는 생각이나 감정과 대화를 나누어야 합니다. 우리는 그것들을 마주하여, 그것들이 무엇을 원하는지 물어야 합니다. 그리고 그것들을 어떻게 고려하고 배려할지 살펴야 합니다. 우리 안에 떠오르는 모든 것은 저마다 나름대로 이유가 있습니다. 단순히 없애려고 해서는 안 됩니다. 침묵을 강제하는 생각과 감정은 우리 안에서 점점 부풀어 오르고, 많은 힘을 빼앗아 가는 내적 저항이 됩니다. 우리가 그것들과 평화를 이루어야, 비로소 그 내적 차원이 우리를 생명으로 이끌 것입니다. 그러면 우리의 어두운 면도 더 이상 내면의 샘과 차단되지 않고, 우리를 그 샘으로 인도해 줄 것입니다.

'인내'(또는 관대, *makrothymia*)도 성령의 샘을 표현하는 덕입니다. 성경에 따르면 하느님은 인내의 하느님이십니다. 그분은 오래 참으십니다. 그분은 우리를 참아 주시며, 우리의 잘못도 관대히 용서하십니다. 우리도 하느님의 관대를 배워야 합니다. 상대의 잘못을 따지는 대신, 서로 인내하며 관대히 대해야 합니다. 관대는 우리가 자기 자신과 타인을 참아 주는 모습으로 드러납니다. 관대는 넓은 마음, 우리 안에 있는 큰 공간입니다. 여기서도 유효한 것은 기질적으로 관대한 사람들이 있는가 하면, 편협하고 소심한 사람들도 있다는 사실입니다. 그러나 아무리 기질이라는 게 있더라도, 우리 과제는 관대의 샘과 접촉하는 것입니다. 그때 우리 안에 있는 성령의 작용으로 우리도 관대해질 것입니다. 관대한 사람, 온화한 사람은 에너지를 그리 소진하지 않으면서 일상의 갈등에 뛰어듭니다. 여기서 우리는 작은 냄비와 큰 냄비를 비교해 볼 수 있습니다. 작은 냄비에 우유를 붓고 끓이면 빨리 끓어오릅니다. 하지만 큰 냄비에 붓고 끓이면 시간이 걸립니다. 마음이 좁은 사람들은 모든 일에 흥분합니다. 그들은 다른 사람, 다른 생각, 다른 태도를 참지 못합니다. 직장에 출근했는데, 그날 특별한 옷을 입고 온 동료를 보면 화가 납니다. 이웃 사람의 이야기나 이런저런 생각을 들어도 기분이 나쁩니다. 자신이 세워 둔 자리에 꽃병이 그대로 있지 않아도 짜증이 납니다. 그들은 모든 것에 대해 흥분하고, 인생이 제대로 굴러가지 않는다며 한탄합니다. 마음이 좁은 사람들은 에너지를 많이 빼앗깁니다. 그들은 자신의 좁은 지평에 들어맞지 않는 것들에 대해 곧장 끓어오르며, 자신의 내적 힘도 그만큼 많이 써 버립니다. 우리는 넓은 마음으로 에너지를 소진하지 않으면서 세상으로 나아갈 수 있습니다. 넓은 마음에는 빈자리가 많아 여유롭습니다. 마음이 넓은 사람은 관대하고 차분하며, 그리고 인내합니다.

서방교회에서 가장 중요한 영성 작가요 수도승인 카시아누스는 인내가 정신을 확장하여 그 안에 치유의 은신처를 마련해 준다고 말합니다. 정신은 일상의 갈등으로부터 물러나서 그 은신처에 머물 수 있습니다. 카시아누스는 독자들에게 당부합니다. "인내와 끈기의 드넓음으로 당신들의 정신을 크게 넓혀, 자신 안에 치유적인 성찰의 은신처들을 마련하십시오. 거기서는 추악한 분노의 연기, 그 연기가 들어와도 금방 흩어지고, 금세 사라집니다"(『담화집』16,27). 인내가 우리 마음에 은신처를 만들어 준다니, 실로 아름다운 표상입니다. 우리는 이 은신처에서 평화를 찾지만, 분노는 여기에 둥지를 틀지 못합니다. 왜냐하면 분노는 언제나 좁은 곳을 필요로 하기 때문입니다. 넓은 곳에서는 분노가 흩어져 버립니다. 넓은 마음은 성찰을 위한 은신처입니다. 정신은 무언가를 성찰하고 묵상하기 위해 늘 넓은 곳을 필요로 합니다. 좁은 곳에서는 항상 같은 생각만 맴돌기 마련입니다. 넓은 것만이 우리로 하여금 새로운 것을 보게 합니다. 그리고 이렇게 열린 마음이 정신을 자유롭게 합니다.

이제 이런 물음을 던져 봅니다. '내가 어떻게 해야 이러한 관대에 이를 수 있을까?' '어떻게 해야 관대를 내적 원천으로 쓸 수 있을까?' 성 베네딕도는 자기와의 참된 만남과 참된 자기 인식에서 답을 찾습니다. 이는 고집스러운 자기 탐구를 말하는 게 아닙니다. 자기 인식은 자신의 현실에 대한 온유한 시선과 짝을 이루어야 합니다. 환상과 작별해야 과거에 상상했던 그 모습이 온전히 될 것입니다. 환상과 작별해야 내 안에서 서서히 인내와 관대가 자라나고, 나 자신도 그런 마음으로 대할 것입니다. 그러면 내 주위에 있는 사람들에 대해서도 차차 인내할 것입니다.

그동안 걸어온 길을 돌아보며 나는 깨달았습니다. 내 결점과 약점을 받아들이는 것이 처음에는 어려웠습니다. 나는 야심차게 수도원에 들어왔습니다. 나는 내 결점들을 무조건 극복하려 했습니다. 아니, 박박 지워 버리려고 했습니다. 그렇게 싸우며 너무 많은 에너지를 소모했고, 줄곧 그런 식이었습니다. 뜻대로 되지 않을 때면 그것을 내 탓으로 돌리고 나 자신을 거부했습니다. 이를 악물고 계속 싸웠습니다. 그렇지만 바라는 대로 되지 않았고 나는 에너지를 빼앗겼습니다. 그렇게 싸우는 동안 나 자신에게 얼마나 집착했던 것인지는 나중에야 자각했습니다. 그때는 외적 활동에 써야 할 에너지가 더는 남아 있지 않았습니다. 그러다가 움켜잡고 있던 이상을 내려놓은 뒤에야 내 마음이 넓어졌습니다. 영적 여정도, 수도원 밖에서 하는 외적 활동도 더 이상 전처럼 버겁지 않았습니다. 나는 고착으로부터 벗어났습니다. 관대한 마음은 내게 샘이었습니다. 그 샘은 나를 좁은 틀에서 벗어나게 해 주었습니다. 그동안 나는 그 좁은 틀에 나 스스로를 밀어 넣었습니다. 더불어 나는 관대한 마음 덕에 주위 사람들을 더욱 잘 감당하게 되었습니다. 이제 나는 형제들이 내가 생각하는 이상적인 수도자에 부합하지 않는다며 자꾸 열을 내지 않습니다. 좁은 마음보다는 넓은 마음으로부터 더 많은 것이 밖으로 흘러나올 수 있습니다. 그래서 내게는 심리적 건강과 사회적 문제만 아니라, 사람들의 마음을 넓어지게 하는 영적 과제도 중요합니다. 여기서 필요한 것은 자꾸 좁아지려 하는 내적 경향, 내게서도 느껴지는 그 경향에 대해 세심하게 주의를 기울이는 태도입니다. 생각이 좁아지면 나는 곧장 내면의 소리에 귀를 기울이고, 예수님의 넓은 마음을 떠올리려 합니다. 그러면 마음도 넓어지고, 속 좁은 생각도 날아가 버립니다.

그다음 덕은 호의입니다. 그리스어로 '호의'(chrestotes)란 말은 본래 '정직'과 '유능'을 뜻하지만, '선의', '친절', '온화'라는 뜻도 있습니다. 이러한 태도는 전통적으로 통치자의 자질이라 여겨졌습니다. 온화하고 인도적인 통치자는 칭송을 받습니다. 때로 스토아철학자들은 이 태도를 실천하는 사람들의 지나친 관용을 비난하기도 했습니다. 독일어에서 '온화'(Milde)라는 말은 '갈다', '빻다'(mahlen)에서 나왔습니다. 온화한 사람은 삶의 물레방아에 갈리고 빻여 부스러졌습니다. 그는 고통을 체험했고, 그 체험이 그를 온화하게 만들었습니다. '호의'라는 그리스어 단어에서 '부드러움', '온화'는 '유능', '용기'와 그 의미가 결부되어 있습니다. 온화한 사람은 삶에서 겪게 되는 갈등에 용기 있게 맞서며, 그로써 호의와 온화의 태도를 위해 바스러졌습니다. 그는 온화의 태도에 의해 녹아 없어지는 게 아닙니다. 그는 유능합니다. 그는 호의의 태도에 힘입어 삶을 주도합니다. 그에게 호의는 선한 것을 만들어 내는 힘이자, 부정적 힘들의 반대에 맞서는 힘입니다.

바오로가 호의 다음으로 꼽은 덕은 '선의'(*agathosyne*)입니다. 선의는 호의와 결국 비슷한 의미가 있습니다. 이 단어는 선한 것을 실행하려 하는 사람, 선한 것을 의도하는 사람, 타인을 선하게 생각하는 사람을 가리킵니다. 호의가 온화하고 선한 사람이 되는 능력, 선한 것을 이루는 능력을 주로 의미하는 반면, 선의는 선한 것을 추구하는 사람, 올바르게 살아가는 사람, 마음이 선한 사람을 지칭합니다. 선의와 호의, 두 태도 모두 우리가 힘을 길어 올릴 원천입니다. 온화와 선의의 태도로 자신과 타인을 바라보는 사람은 자신의 결점에 가로막히지 않습니다. 그는 선을 지지하고, 행여 거듭 낙담하게 되더라도 선을 믿습니다. 이와 같이 모든 인간 안에 선이 있음을 믿음으로써, 결국 그는 타인에게서 선을 끌어냅니다. 그는 선을 이룹니다. 모든 인간에게서 선을 인식하기 때문입니다.

바오로는 호의와 선의에 이어 성실을 성령의 열매로 꼽습니다. 그리스어로 '성실'(*pistis*)은 '믿음'과 '신뢰'를 뜻하기도 합니다. 여기서 말하고 있는 것은 하느님에 대한 믿음이 아니라, 나의 모든 행동을 규정하는 신뢰입니다. 독일어에서 '성실'(Treue)이란 말은 '확고함', '굳건히 서 있음'에서 왔습니다. 성실의 덕에 따라 행동하는 사람은 확고합니다. 굳건히 서 있습니다. 자신이 무엇을 해야 할지, 누구에게 헌신해야 할지 끊임없이 고민하는 사람과는 달리, 그는 무언가를 하더라도 그리 많은 에너지를 소진하지 않습니다. 확고한 사람은 자신의 입장을 지키기 위해 다투고 싸우거나 그 입장을 변호할 필요가 없습니다. 그는 자신 안에 서 있습니다. 그는 자신의 중심에 서 있으며, 그 중심으로부터 행동합니다. 그런데 성실은 '연결', '묶어 놓음'과도 관련이 있습니다. 성실한 사람은 자신이 돕는 사람, 자신이 수행하는 과제에 연결되어 있습니다. 무엇을 하든 그의 행동은 자립적이고 명료합니다. 그는 매번 다시 결정을 내릴 필요가 없습니다. 그는 자신을 돕고 타인을 돕습니다. 그리고 하느님이 주신 사명을 다합니다. 성실의 태도로 타인을 대하고 자신의 과제를 행하는 사람은 많은 에너지를 소진하지 않습니다. 반면 어떤 사람들은 자신이 다른 무언가를 해야 할지 말아야 할지 갈팡질팡하느라 에너지를 허비합니다. 성실은 우리를 묶어 놓지만 풀어 주기도 하고, 그로써 영혼에 새 힘을 줍니다.

신뢰도 성실과 마찬가지로 힘을 길어 내는 중요 원천입니다. 항상 의심만 하는 사람은 모든 것을 통제하는 데 많은 에너지를 소모합니다. 성 베네딕도는 아빠스가 너무 의심이 많아서는 안 된다고 권고했으며, 그러면 잠시도 안심하지 못한다고 했습니다. 의심하는 사람은 타인들이 자신을 해하려고 무언가를 은밀히 꾀하지 않을까, 음모를 꾸미지는 않을까 노심초사합니다. 그는 주위 사람들이 다른 의도를 품고 있다고 억측하여 그것을 막는 데 에너지를 다 씁니다. 그는 삶에 뛰어드는 대신, 끊임없이 부정적 망상에 맞서 싸웁니다. 모든 것을 통제해야 한다고 믿는 사람은 틀림없이 삶을 통제하지 못합니다. 이는 경험적 사실입니다. 아마 그는 스스로 자신의 감정을 통제하고 있다고 믿을 것입니다. 하지만 예기치 못한 순간 그는 당황하게 되고, 통제 영역 이면에 얼마나 많은 감정적 쓰레기가 숨어 있는지 깨닫게 됩니다. 한 회사를 통제하기 원하는 사람은 거센 반발을 불러일으킵니다. 그는 그런 반발을 제어하기 위해 계속 관여해야 합니다. 그때 그는 회계 관련 정보를 제대로 받지 못할 것입니다. 직원들은 안 보이는 곳으로 달아날 것입니다. 그렇지만 신뢰라는 원천에서 힘을 긷는 사람은 회사를 이끄는 데 더 적은 에너지를 사용합니다. 그는 일상적인 일도 더 침착하고 차분하게 할 것입니다. 또한 무엇보다 그는 신뢰 덕에 다른 사람들과 함께 살아가는 영역에서, 사적 영역이나 가정에서 많은 에너지를 소진하지 않을 것입니다. 그는 배우자나 자녀들을 의심의 눈초리로 바라보지 않습니다. 모든 것을 통제하려 드는 마음을 내려놓습니다. 그는 속으로 "예"라고 말하며 긍정합니다. 그는 가족과 친구들에게 고마워합니다. 그들의 마음이 진심인지 속 끓이지 않습니다.

바오로가 그다음으로 꼽은 샘은 '온유'(praytes)입니다. 성서학자

하인리히 슐리어는 이 내적 태도를 "이웃에 대한 온화한 태도, 성내거나 싸우기를 좋아하지 않고, 신중하고 평온한 태도"라고 기술합니다. 세속적인 그리스어 어감에서도 온화하고 온유한 사람은 성격이 거칠고 딱딱한 사람과 대조를 이룹니다. 스토아 철학자 에픽테토스는 온유에서 고요하고 우호적인 평정, "인간이든 운명이든, 비우호적인 대상에 화내고 성내지 않는" 태도를 봅니다. 그런데 그가 말하는 바는 수동적 감내가 아닌, 내적 지혜를 암시하는 초월적 평정입니다. 플라톤에 따르면 관대하고 교양 있는 사람은 평정심을 지니고 있습니다. 고대 철학자들은 온유를 영혼의 치장이라 일컬으며, 이것은 특히 군주들과 여성들에게 적용된다고 말합니다. 그렇지만 이것을 성별이나 사회적 지위에 따라 한정해서는 안 됩니다.

에바그리우스 폰티쿠스는 온유를 진실로 영적인 수도승의 특성으로 기술했습니다. 그는 이 온유가 특히 예수님과 모세에게서 구현되었다고 보았습니다. 그래서 한 편지에서 다음처럼 썼습니다. "이것만을 기리시오. 모세는 어떤 사람보다도 온유했습니다. … 우리도 그분의 온유를 지닙시다. 그분은 말씀하셨습니다. '여러분은 내 멍에를 메고 나에게서 배우시오. 나는 온유하고 마음이 겸손하기 때문입니다'(마태 11,29). 그분은 우리에게 당신의 길을 가르치시고, 하늘나라에서 생기를 불어넣어 주십니다"(『편지』 56). 에바그리우스는 하늘에 계신 그리스도가 온유를 배우는 사람에게 생기를 주신다고 말합니다. 아마 이는 온유한 사람이 내면의 샘에서 생기를 얻는다는 뜻일 것입니다. 이 샘은 하느님이 그 사람 안에서 다스리시는 곳, 그가 자신의 부정적 감정과 타인의 생각으로부터 자유로워진 곳에서 솟아납니다.

여기서 오해해서는 안 됩니다. 온유한 사람이 아무 힘도 쓰지 못하고 약점과 불안만 내보일 것이라 여긴다면 이는 잘못 생각한 것입니다. 실제로는 다릅니다. 온유한 사람은 누군가 자신에게 반박해도 흥분하지 않습니다. 그는 비판에 민감하게 반응하지 않습니다. 누군가 따지고 들더라도 움츠리지 않습니다. 비판을 인신공격으로 받아들이지 않고 오히려 직시합니다. 독일어에서 '유하다'(sanft)라는 말은 '모으다'(sammeln)에서 왔습니다. 이 말은 다른 사람들과 평화롭게 살아가면서, 무엇보다 자기 자신과 평화를 이룬 사람을 가리킵니다. 그의 내면은 정돈되어 있습니다. 그의 내면에서는 모든 것이 서로 잘 어울려 조화롭습니다. 이런 조화로운 상태에 이른 사람은 갈등과 마찰에 많은 에너지를 소진하지 않습니다. 온유한 사람은 하나의 목표를 일관되게 추구할 수 있습니다. 온유란 마음을 모아 평정한 상태, 평온한 상태에서 자신이 타당하다고 인식한 것을 행하는 용기를 의미하기 때문입니다. 온유한 사람은 결코 무언가를 무리하게 관철하지 않습니다. 그는 무언가를 가차 없이 하고 마는 사람이 아닙니다. 그의 일관된 태도는 다짜고짜 서두르는 폭력적 태도보다 지속적이며 효과적입니다.

바오로가 말하는 마지막 성령의 샘은 *절제*입니다. 그리스어에서 '절제'(*enkrateia*)는 '자제', '훈련'의 태도를 뜻합니다. 이 태도는 은총인 동시에 의무입니다. 바오로는 경기자를 예로 들며, 우리도 부단히 훈련해야 한다고 말합니다. 절제는 그리스철학의 주요 개념입니다. 절제하는 사람은 무언가를 지배하는, 무엇보다 자기 자신을 지배하는 사람입니다. 특히 스토아철학은 자유로운 사람, 자립적인 사람을 이상적 인간으로 높이 평가했습니다. 그런 사람은 어느 것에도 지배되지 않고 모든 것을 자유로이 지배합니다. 그는 자신의 충동과 욕구로부터도 자유롭습니다. 바오로는 성령으로 가득 찬 사람이 이 내적 자유를 하느님에게서 받았다고 말합니다. 이런 사람은 충동과 욕구에 맞서 싸울 필요가 없습니다. 성령으로 인도되어 이것들에 구속되지 않습니다.

절제에 대해 살펴볼 때면 우리는 훈련, 훈육에 대해서도 언급하고는 합니다. 독일어에서 '훈련', '훈육'(Zucht)이란 말은 '끌다', '이끌다'(ziehen)에서 왔습니다. 이것은 스스로 행동하는 사람, 자신이 원하는 곳으로 자신을 이끄는 사람의 태도로서, 타인에게 끌려가는 사람, 자신을 지키지 못하고 이리저리 끌려다니는 사람과 대조를 이룹니다. 절제와 훈련, 훈육도 힘의 원천입니다. 이 원천에서 힘을 길어 내는 사람은 삶을 더 가뿐히 성취합니다.

그는 자신의 욕구나 기분, 약점에 맞서 싸울 필요가 없습니다. 그는 외부로부터 자신에게 부여된 일, 자신을 도발하는 일에 매몰되지 않고 자유롭습니다.

스토아철학에서도, 바오로에게도 절제는 무엇인가 위축된 것을 의미하지 않습니다. 내면에서 떠오르는 모든 감정과 격정을 이를 악물고 억누르는 사람은 이상적 인간이 아닙니다. 그들에게 이상적인 것은 내적으로 자유로운 사람, 자신의 충동과 내적 거리를 두는 사람입니다. 중요한 것은 억압이 아닙니다. 무언가를 폭력적으로 억압하면 내가 그 무엇에 고착되기 때문입니다. 오히려 중요한 것은 자신을 스스로 주도하는 일, 자신의 삶을 스스로 만들어 가는 일입니다. 욕구가 내 삶을 규정하게 두어서는 안 됩니다. 그런데 이는 내가 나의 격정과 충동을 마주하고 그것들을 자유롭게 대할 때만 가능합니다. 격정에 지배되는 사람은 내적 힘을 잃습니다. 그는 하느님이 주신 힘으로 살아가지 않습니다. 그는 '힘 안에'(en krateia) 있지 않고, 자신의 힘을 빼앗는 외적 힘의 지배를 받습니다. 자기 자신을 지배하는 사람은, 자기 주위의 일들을 자신이 원하는 모습으로 만들어 갈 힘이 있습니다.

덕과 가치

앞서 말했지만, 결국 모든 덕은 우리가 힘을 길어 낼 수 있는 원천입니다. 고대 로마인들이 덕에서 맨 먼저 인식한 것은 인간이 실행해야 할 요구가 아니라, 개인이 저마다 실현해야 할 하느님의 은총이었습니다. 달리 말해 로마인들에게 덕은 우리 삶에 힘을 공급하는 원천이라 할 수 있습니다.

우리는 덕을 가치라고 부르기도 합니다. 가치는 우리 삶을 의미 있게 만듭니다. 가치는 우리에게 참된 존엄을 전해 줍니다. 영어에서 '가치'(value)라는 말은 '건강하다', '안녕하다', '중요하다', '힘이 있다'(valeo)라는 뜻의 라틴어에서 나왔습니다. 따라서 가치는 건강을 길어 올리는 원천이며, 삶을 성취하도록 힘을 주는 원천입니다. 우리가 덕과 가치를 힘의 원천으로 이해하면, 과거 수백 년간 그것들에 부여된 도덕주의적 인상이 사라지게 됩니다. 그러면 덕과 가치가 우리에게 삶의 힘을 주는 어떤 의미 있는 것이 되고, 안녕과 건강을 길어 내는 원천이 됩니다.

그리스철학자 플라톤과 아리스토텔레스가 기술한 사추덕은 바오로가 갈라티아서에서 열거한 성령의 아홉 가지 열매보다 오래전부터 있었습니다. '정의', '용기', '절제', '현명'(또는 예지)이란 사추덕은 고대 그리스인들에게 진정한 인간성의 총체로 간주되었습니다. 인간은 자기실현 과정에서 이 네 가지 기본 덕을 실현해야 합니다. 동시에 이 네 가지 덕은 삶을 성취하기 위해 우리가 가져다 쓸 수 있는 힘이기도 합니다. 우리가 이것들을 아리스토텔레스 이래로 '사추덕'四樞德(virtutes cardinales)이라 불러 왔던 것입니다. 여기서 '추'(Cardo)는 '돌쩌귀', 곧 '경첩'을 뜻합니다. 이 경첩이 있어야 우리는 문을 여닫을 수 있습니다. 우리가 자신의 내적 가능성으로 들어갈 것인지 아닌지, 우리 힘이 밖으로도 흘러 나가 영향을 미칠 것인지 아닌지가 사추덕에 달려 있습니다. 토마스 아퀴나스는 이 네 가지 덕을 자신의 그리스도교적 세계상에 받아들였습니다. 정의와 용기, 절제와 현명은 이미 그리스 철학에서 영혼을 풍요롭게 해 주는 길이자 인간을 참된 자기로 이끌어 주는 길이었습니다. 여기서 우리는 이것들을 자신의 삶을 성취하기 위해 힘을 길어 올리는 원천으로 이해할 수 있을 것입니다.

플라톤에 따르면 정의는 영혼을 구성하는 세 가지 요소, 곧 '지성'(nous)과 '격정'(thymos), '욕망'(epithymia)의 균형을 이룬 인간이 습득한 것입니다. 플라톤에게 정의는 우선 영혼의 특성입니다. 자신의 본성을 따르는 인간은 정의롭습니다. 그는 자신 안에 있는 모든 것을 주시합니다. 플라톤의 제자 아리스토텔레스는 정의를 사회적 덕으로 봅니다. 서로 경쟁하는 두 집단 사이에서 공평하게 중재하고, 사욕을 부리지 않으며, 공정하게 판단하고, 각자에게 권한을 분배하는 인간은 정의롭습니다. 고대 로마인들에게 정의의 주요 원칙은 '각자의 것을 각자에게'(*suum cuique*) 나누어 주는 것입니다. 다른 사람을 다른 사람으로 간주하는 인간, 그의 다름을 인정하는 인간, 그가 자신의 권한을 찾도록 돕는 인간은 정의롭습니다. 중세에는 정의를 저울을 들고 있는 여신으로 묘사했습니다. 그 여신은 다른 한 손에 칼을 들고 눈가리개를 썼습니다. 그 여신은 현혹되지 않습니다. 상대를 구별하지 않고 결정을 내립니다. 정의의 여신은 사건은 물론이고 사람도 각각에 맞게 정당하게 판단합니다.

정의로운 사람은 주위를 명확하고 투명하게 만듭니다. 그는 타인에게 장단을 맞출 필요도 없고, 갖가지 의견에 애써 균형을 맞출 필요도 없습니다. 그는 내적으로 명확하고 투명하여, 에너지를 소진하지 않습니다. 정의로운 사람은 한 공동체에 축복이 됩니다. 그는 올바른 것이 무엇인지 압니다. 그는 매여 있지 않고 자유롭습니다. 그는 우리를 이롭게 만드는 무언가를 발산합니다. 우리는 그를 지향으로 삼을 수 있습니다. 정의로운 사람은 타인과 현실을 정당하게 평가합니다. 그는 현실에 부합하게 살아갑니다. 현실에 맞서 싸우는 데 에너지를 다 써 버리지 않습니다. 그는 모든 것을 있어야 할 곳에 두며 바로잡습니다. '각자의 것을 각자에게' 분배하는 사람은 음모를 꾸미지 않습니다. 적지 않은 집단과 국가가 암투를 벌이는 데 에너지를 낭비합니다. 정의의 덕을 닦는 사람은 이 정의를 자신의 명확한 행동 기준으로, 자신의 행동을 열매 맺게 하는 맑은 샘으로 체득합니다.

<u>용기</u>는 병사들이 갖춰야 할 덕입니다. 그런데 그리스철학자들은 이 덕을 자신들에게도 요구했습니다. 용기는 자신을 스스로 돕는 사람, 자신이 옳다고 인식한 것을 일관되게 좇는 사람에게 있습니다. 용기 있는 사람은 갈등을 겪더라도 마음이 변하지 않습니다. 옳다고 여기는 것을 위해 싸웁니다. 독일어에서 '용기 있다'는 표현에는 다양한 의미가 있습니다. '굳건하다', '무겁다', '중대하다', '투쟁적이다', '대담하다', 열렬하다' 등의 뜻이 있습니다. 용기 있는 사람은 쉽게 넘어지지 않습니다. 그는 굳건히 섭니다. 지구력이 있습니다. 그는 갈등에 뛰어들어 온 힘을 다해 싸웁니다. 용기 있는 사람은 싸울 준비가 되어 있을 뿐, '싸움닭'이 아닙니다. 그는 무언가를 명확하고 투명하게 하기 위해 싸웁니다. 그는 삶을 위해 싸웁니다. 용기 있는 사람은 대담합니다. 독일어로 '대담하다'는 말은 '알다', '현명하다'에서 유래했습니다. 용기 있는 사람은 무작정 달려들지 않습니다. 그는 무언가를 위해 싸우려고 하기 전에, 먼저 상황을 파악하고 분별 있게 행동합니다. 그리고 그는 열렬합니다. 가슴으로 싸웁니다. 추상적 원칙을 따르는 게 아니라 뜨거운 가슴, 고동치는 가슴으로 행동에

나섭니다.

용기는 고통과 고뇌를 참고 견디는 인내로도 드러납니다. 이미 말했듯이 용기는 버티는 것과 연관이 있습니다. 용기 있는 사람은 삶의 요구를 회피하지 않습니다. 자신에게 닥친 일을 꺼려 하지 않습니다. 베네딕도 성인에게 이는 특히 수도승이 갖춰야 할 덕입니다. 수도승은 악령과의 대결, 갑작스레 들이닥친 욕정이나 감정과의 대결에서 달아나지 않습니다. 수도승은 자신에게 머물러 있으면서 이를 버텨 냅니다. 토마스 아퀴나스는 인내를 용기의 동반자라 부릅니다. 독일 철학자 요제프 피퍼는 인내의 본질이 "선을 실현하며 생기는 상처들로 인해 영혼의 명랑함과 명민함을 빼앗기지 않는 것"이라 말합니다. 또한 빙엔의 힐데가르트에게 인내는 "그 무엇에 의해서도 약해지지 않는 기둥"입니다.

토마스 아퀴나스의 견해에 따라, 그리고 스콜라철학을 현대에 맞게 재해석한 요제프 피퍼의 견해에 따라 우리는 용기의 덕 역시 힘을 길어 올릴 수 있는 원천임을 알 수 있습니다. 여기서 문제는 용기라는 원천이 '우리에게 거저 주어진 것인지', '아니면 얻어 낼 수 있는 것인지'입니다. 고대 그리스인들도 덕에서 항상 두 가지 측면을 보았습니다. 용기는 한편으로 하느님이 우리에게 주신 힘의 원천이고, 다른 한편으로 우리가 길러야 할 태도입니다. 우리는 수련을 쌓으며, 그리고 하느님이 주신 본래 모습을 가꾸며 이 태도를 길러야 합니다. 우리가 용기의 덕을 얻기 위해 수고하면, 용기도 우리에게 삶을 견딜 힘을 줄 것입니다. 그러면 우리는 갈등을 피해서 달아나지 않을 것입니다. 갈등을 겪을 때마다 힘을 죄다 빼앗기지 않을 것입니다. 용기는 갈등을 직면하여, 이로써 성장하도록 우리를 자극하고 격려합니다.

셋째 추덕은 절제입니다. 절제의 덕을 얻기 위해 우리는 먼저 자신의 한도, 한계를 알아야 합니다. 그래야 그에 부합하게 살아갈 수 있습니다. 인간은 누구나 고유한 기질, 고유한 잠재력과 능력을 가지고 있습니다. 여기서 자신의 한도를 안다는 것은 내가 무엇을 해낼 수 있는지, 내게 무슨 능력이 숨어 있는지 살펴본다는 뜻입니다. 자신의 한도를 모르고 살아가는 사람은 병듭니다. 절제하지 않는 사람은 자신에게 과도한 요구를 하고, 결국 자신을 놓치며 살아갑니다. 고대 그리스인들에게 '절제'(sophrosyne)는 '올바르게 분별하다'를 뜻하고, 고대 로마인들에게 '절제'(temperantia)는 '바로잡아 정돈하다', '짜 맞추다', '고삐를 당기다'를 뜻합니다. 그러므로 절제에는 나의 삶을 내 본성, 내 '한도'(mensura)에 부합하게 정돈하는 능력이 필요합니다. 절제의 목표는 영적 안정, 내적 균형, 나 자신과의 일치입니다. 내 안에 있는 모든 것을 올바로 정돈해야, 비로소 나는 이 목표를 이룰 수 있습니다.

절제는 중세에 기사의 덕이었습니다. 절제에는 엄한 단련이 필요합니다. 단련은 삶을 주도하는 기술, 삶을 내 본성에 부합하게 정돈하는 기술입니다. 자신의 한도를 인식한 사람은 힘을 한데 모아 목표에 집중합니다. 그는 한도를 넘어서는 것을 모두 포기해야 합니다. 고대 그리스인들에게 한도에 맞는 것, 곧 알맞은 것은 아름다운 것이기도 했습니다. 자신의 한도를 아는 사람은 스스로 과도한 요구를 하지 않지만, 그렇다고 과소한 요구를 하지도 않습니다. 절제는 기계적 중도가 아니라, 내 존재에 부합하는 것에 대한 인식, 내 존재에 합당하게 살고자 하는 각오입니다. 자신의 한도에 맞게 사는 사람은 내적 원천을 결코 남용하지 않을 것입니다. 그는 언제나 거기서 힘을 길어 낼 수 있습니다. 우리는 자신의 한도, 한계를 단번에 알아낼 수 없습니다. 지금 내 한도를 알기 위해서는 몇 번이고 거듭 시험해 봐야 합니다. 내 감정이 불쾌해졌다면 한도를 넘어선 것입니다. 내가 내적으로 무기력하다면 한도를 못 찾은 것입니다. 절제는 건강한 긴장과도 연관이 있습니다. 긴장은 에너지를 만들어 냅니다. 나에게 어떤 긴장이 적합한지 알기 위해서는 계속해서 균형을 잡아 봐야 합니다. 많은 사람이 스트레스에 대한 불안 탓에 자신의 한도를 찾아내지 못합니다. 최근 들어 심리학에서는 '긍정적 스트레스'(Eustress)에 관해 말합니다. 병을 일으키는 긴장만 있는 게 아닙니다. 생기와 에너지를 만들어 내는 건강한 긴장도 있고, 에너

지가 흐르지 못하게 하는 저조한 긴장도 있습니다. 자신 안에서
더는 긴장을 감지하지 못하는 사람은 삶 자체를 무거운 짐으로
받아들입니다. 그는 외적으로 아무런 활동도 하지 않습니다. 산
다는 것 자체가 그에게는 너무나 버거운 일입니다. 곧, 절제한다
는 것은 에너지를 내 안에 만들어 내는 긴장을 찾는다는 뜻이기
도 합니다. 너무 높은 긴장도, 너무 낮은 긴장도 나에게 해롭습
니다. 하느님이 내 몫으로 주신 한도를 지키는 것만이 이롭습니
다. 그 한도를 알기 위해서는 물론 한도의 끝까지 가 봐야 합니
다. 그렇지 않으면 내 한도를 항상 너무 낮게 정하게 됩니다.

넷째 추덕인 현명은 지금 여기에서 자신과 타인에게 적합하고
유익한 것을 발견해 내는 능력입니다. 토마스 아퀴나스에 따르
면 현명은 선의 인식을 전제합니다. 현명은 지식 이상의 것으로,
언제나 행동을 지향합니다. 아리스토텔레스에게 현명은 모든
덕의 전제 조건입니다. 그는 현명을 덕의 마부라고 부릅니다. 먼
저 현실을 똑바로 인식해야 하고, 그래야 똑바로 행동할 수 있습
니다. 현명은 삶을 성취하는 데 필요한 수단들을 인식합니다. 현
명은 창의적입니다. 현명은 내적으로나 외적으로 더 나아가기
위해 바로 지금 필요한 게 무엇인지 알고 있습니다. 토마스 아퀴
나스는 '현명'(prudentia)을 '선견'(providentia)과 연결 짓습니다. 현명
에 관한 피퍼의 기술에 따르면 현명한 사람은 현 순간 너머를 내

다보며, "특정 행동이 목표를 실현하는 데 올바른 길이 되는지 아닌지" 판단합니다. 독일어로 '현명하다'는 말에는 '섬세하다', '유연하다', '우아하다', '성숙하다', '기민하다', '용감하다', '과감하다'라는 뜻이 있습니다. 현명한 사람은 머리만 아니라 가슴으로도 판단을 내립니다. 그는 주어진 기회를 과감히 잡습니다. 그리고 몇몇 거친 사상과 사조에 숨어 있는 미세한 차이를 간파합니다.

나아가 현명은 불필요한 과오를 범하지 않도록 막아 줍니다. 예수님은 반석 위에 집을 지은 현명한 사람을 칭찬하십니다. 현명한 사람은 무엇이 중요한지 압니다. 그는 숙고한 다음 행동합니다. 그는 더없이 안정된 기초 위에 집을 짓습니다. 삶의 풍파를 만나도 끄떡없습니다. 또 예수님은 약은 집사를 칭찬하십니다. 그는 당면한 상황을 제대로 판단하여, 자신이 당장 할 수 있는 일을 했습니다. 예수님은 슬기로운 처녀들과 어리석은 처녀들을 비교하십니다. 어리석은 처녀들은 그날그날 되는대로 살아갑니다. 반면 슬기로운 처녀들은 앞을 내다봅니다. 오래 기다리더라도 충분할 정도로 기름을 준비해 놓고 있습니다. 세 모범은 현명이 삶을 더 잘 살아가는 데 도움이 됨을 보여 줍니다. 어리석은 처녀들은 에너지를 허비할 수밖에 없습니다. 그들은 기름을 사러 한밤중에 마을로 가서 너무 늦게 돌아옵니다. 어리석은 사람은 모래 위에 집을 짓습니다. 그는 현명한 사람처럼 공을 들여 집을 지어야 했습니다. 이내 풍파가 들이닥치자 그의 집은 무너지고, 모든 게 헛수고가 되고 맙니다. 현명한 사람은 하느님이 제 몫으로 주신 에너지를 신중하게 사용합니다. 그는 그 에너지를 허비하지 않고, 그래서 가져다 쓸 수 있는 에너지가 언제나 충분히 있습니다. 그의 원천은 고갈되지 않습니다. 그가 그 원천의 가치를 제대로 알고 있기 때문입니다.

의미와 방향 찾기

자신의 삶에서 의미를 찾지 못하여 괴로워하고 힘들어하는 사람들이 많습니다. 그들은 자신이 정말로 무엇을 원하는지 알지 못합니다. 유다계 정신과 의사이자 심리학자인 빅토르 프랑클은 정신적 차원을 건강과 질병의 요인으로 인식했습니다. 그는 의미 상실 체험을 신경증의 가장 주된 원인으로 보았습니다. 프랑클은 삶의 의미가 위협받는 끔찍한 상황을 나치 강제 수용소에서 체감하고 체험했습니다. 그는 강제 수용소에서 삶의 의미를 스스로 발견하여 의미 상실을 극복했습니다. 프랑클 정도의 극단적 상황에 처한 것은 아니라도, 자신이 도대체 왜 사는지, 자신의 삶에 무슨 의미가 있는지 스스로 묻는 사람들이 이제 점점 많아지고 있습니다. 의미 상실은 그들에게서 모든 에너지를 빼앗아 갑니다. 의미 상실은 내적 원천을 고갈시킵니다.

너무 많은 것을 놓쳤다며 한탄하는 사람들을 나는 거듭 만나게 됩니다. 그들은 이것도 해 보고 저것도 해 봅니다. 그러나 목표가 없어서 한번 들어선 길을 끝까지 가지는 못합니다. 그들은 그 길을 계속 걸어야 할지 말아야 할지 알지 못합니다. 그들은 직업 교육이든, 대학 공부든, 연애든 단기적 목표를 추구합니다. 그들은 자신이 진짜 그 직업을 원하는지, 그 공부로 무슨 일을 해야 할지 알지 못합니다. 그들은 결혼을 하려 해도, 자신이 상대와 잘 맞는 것인지 의심스러워합니다. 점점 더 많은 사람이 이런 방향 상실에 시달립니다. 그들은 길 위에 있습니다. 그런데 자신이 그 길을 정말로 계속해서 가고 싶어 하는지 알지 못합니다. 그러다가 그 길에서 난관을 만나면 에너지를 잃습니다. 그들은 그 길을 헤쳐 나갈 의욕이 없습니다. 사는 게 가치가 있는지, 애를 쓰는 게 가치가 있는지 그들은 의문을 던집니다.

어떤 사람들은 자신에 대한 기대치가 너무 높아 정작 자신의 삶에서 의미를 찾지 못합니다. 예컨대 그들은 국제 정세를 주시하며 관계 개선에 무력감을 느낍니다. 그들은 세계 평화를 실현할 기회가 주어지지 않는 한 개인일 뿐이지만, 세계 문제에 집착합니다. 그러면서 그 문제에 조치를 취하는 게 무의미한 일이라고 생각합니다. 그런 식으로 그들은 자신의 삶에 의미를 부여하지 못합니다. 그 의미를 무시합니다. 전 세계를 변화시키는 일에서 내 삶의 의미를 찾을 수는 없습니다. 내 삶의 의미는 무엇보다 하느님이 주신 한 번뿐인 삶을 살아가는 것, 이 세상에 내 삶의 자취를 남기는 것에 있습니다. 아침이면 우리는 눈을 떠 일어납니다. 사람들을 만나 대화를 나눕니다. 그들을 바라봅니다. 그들은 저마다 자신의 얼굴로 빛을 발산하고, 자신의 목소리로 기운을 전파하며, 자신의 말로 주위에 분위기를 만들어 냅니다. 우리는 자신의 주위에 무엇을 발산하고 싶습니까? 우리는 일단 이에 대해 살펴봐야 합니다. 왜냐하면 이 세상을 더 인간적으로 만들어 가는 게 우리가 해야 할 일이기 때문입니다. 업적보다 중요한 게 있습니다. 다름 아닌 일치와 조화입니다. 인간은 누구나 유일무이한 존재입니다. 내 삶의 의미는 무슨 대단한 업적을 이루는 일보다, 참된 삶을 살아가는 일, 그로써 하느님이 내게 주신 것을 이 세상을 위해 열매 맺게 하는 일입니다. 내 고유한 삶에 무슨 의미가 있는지 인식하면, 이 세상을 위해 무언가를 할 수 있는 힘을 충분히 얻게 됩니다. 나는 그 힘으로 더 인간적인 세상을 만들어 갑니다. 나에게 주어진 사명이 무엇인지 인식하려면, 무엇보다 먼저 내가 살아온 삶과 내 성향을 정직하게 살펴봐야 합니다. 내 한도와 한계를 알고 내 소명을 자각해야 합니다. 나는 내 내면에 귀를 기울이고 나를 들여다보면서 다음의 물음에 답을 구해야 합니다. '나는 어떤 상황에서 더 생기를 느끼는가?' '어떤 상황에 있을 때 에너지가 내 안에서 흐르는가?' '어떤 상황에서 행복한가?' '어떤 것을 선택할 때 기쁨과 평화를 느끼는가?' 인간은 누구나 자신의 삶을 살라는 특별한 소명, 그로써 이 세상을 그분의 창조 의지에 부합하는 모습으로 만들어 가라는 소명을 받았습니다.

나는 붙잡을 수 있었지만 놓쳐 버린 기회들을 하나하나 떠올리는 사람들도 많이 만납니다. 그들은 이런저런 기회들을 만나더라도 매번 장애물이 나타나고 의문이 든다고 말합니다. 그들은 공부가 애써 해 볼 만한 가치가 있는지 알지 못합니다. 그들은 이 여자 또는 이 남자와 결혼해야 할지, 아니면 이상형을 더 기다려야 할지 알지 못합니다. 그들은 불확실한 탓에 위축됩니다. 그 결과 그들은 사는 게 너무 힘들기만 합니다. 그런데 그들의 삶을 밖에서 관찰해 보면 그렇지도 않습니다. 그들은 안정된 관계를 맺으며 살고 있습니다. 돈도 넉넉히 가지고 있습니다. 건강도 괜찮습니다. 그렇지만 의미 상실에 삶의 의지를 빼앗겼습니다. 그들은 그 무엇에 대해서도 결정을 내리지 못하고 참여하지 못합니다. 의문, 의심이란 그림자가 모든 것을 덮어 버립니다. 그 무엇도 그들에게 의미가 되지 못하고, 방향을 가리켜 주지 못합니다. 그들은 자신의 삶을 꾸려 가지 못합니다. 방향과 목표를 잃고 자신의 에너지를 소진합니다.

지그문트 프로이트 같은 비관적 심리학자에게는 삶의 의미가 없습니다. "삶의 의미는 없다. 삶의 의미를 묻는 자는 병든 자이다." 반면 빅토르 프랑클의 의미치료는 삶의 의미가 삶을 건강하게 만드는 힘이라고 여깁니다. 물론 프랑클이 그리스도교 전통처럼 보편적인 답을 내놓은 것은 아닙니다. 그리스도교 전통에서 삶의 의미는 우리 인간이 하느님을 아는 것, 하느님을 닮아 가는 것입니다. 프랑클의 제자 알프리트 랭글레는 의미를 "상황을 구성하는 특유의 방식"으로 이해합니다. 프랑클은 의미 상실이 인간을 병들게 한다고 확신했습니다. 프랑클에 따르면 인간은 자신이 하는 모든 행위에 늘 의미를 물어야 합니다. 특히 인간은 고통이나 질병에 직면하면 그 모든 것의 의미에 대해 더 집요하게 물음을 던지기 마련입니다. 프랑클은 "의미를 찾기 위한 주된 길"로 세 가지를 꼽습니다. 곧, 체험 가치와 창조 가치, 태도 가치입니다. 내가 무언가를 강렬하게 체험하면, 가령 한 떨기 꽃의 아름다움이나 모차르트 교향곡의 조화로움을 체험하면, 그 순간 내가 의미에 대해 생각하고 있지 않더라도 그 체험은 의미로 가득 차게 됩니다. 온 감각을 열어 놓고 살아가는 사람은 삶을 의미 있게 체험합니다. 그런데 인간은 자신의 삶을 주도하여 만들어 가는 것, 창조적으로 사용하는 것에서도 의미를 찾을 수 있습니다. 이때 대단한 업적을 세워 타인에게 증명해 보이는 것은 중요하지 않습니다. 프랑클은 지적합니다. "한 사람이 살아온 삶은 누군가가 쓴 소설과는 비교할 수 없을 정도로 위대하고도 창조적인 업적이다." 성경은 인간의 창조 가치를 파견이란 표상으로 드러냅니다. 인간은 이 세상을 만들어 가기 위해, 가꾸고 돌보기 위해 하느님으로부터 파견되었습니다. 인간이 이 세상에서 받은 자신의 사명을 인식하고 실천하면, 그의 삶은 더욱 의미 있을 것입니다.

인간이 자신의 운명 앞에, 가령 불치병이나 사랑하는 사람의 상실 앞에 무력해질 때, 그때는 삶의 의미가 자신에게 닥친 일을 어떤 태도로 감내하는가, 그런 일에 어떻게 반응하는가에 달려 있습니다. 태도는 거저 주어지는 게 아닙니다. 내가 스스로 정하는 것입니다. 나의 가정생활, 내가 하는 일, 내가 앓는 병, 내가 직면한 갈등을 받아들이는 태도를 나의 노력으로 찾아낼 수 있습니다.

의미를 잃은 사람은 또한 에너지도 잃습니다. 의미는 자극을 줍니다. 나를 움직이게 합니다. 목표를 정하면 그로부터 에너지가 나옵니다. 사람들과 대화를 나누다 보면 나는 그들이 목표 없이 여기저기 전전하는 모습에 간혹 놀랄 때가 있습니다. 그들은 자신에 대해 무언가를 말합니다. 그러나 큰 맥락을 바라보지는 못합니다. 그들은 혼자서 괴로워합니다. 그러나 삶을 스스로 주도할 준비는 되어 있지 않습니다. 삶의 의미는 다른 누군가가 줄 수 있는 게 아닙니다. 반드시 저마다 스스로 찾아야 하는 것입니다. 눈을 크게 뜨면, 상황을 능동적으로 만들어 갈 준비가 되어 있으면 내가 맞는 모든 상황에 의미가 있습니다. 내 삶 전체에, 구체적 상황에 의미를 부여하면 나는 그 의미로부터 힘을 길어 올릴 것입니다. 그 의미가 내 삶을 열매 맺게 하고 생기 있게 할 것입니다. 반면 의미를 인지하지 못하면 나는 이 원천과의 접촉을 잃을 것입니다. 생명을 주는 힘, 바로 발밑에서 솟고 있는 그 힘을 발견하지 못한 채 목표 없이 이리저리 헤맬 것입니다.

· 4 ·

영적 방법

지금까지 우리는 맑은 샘에서 물을 긷는 것이 얼마나 치유적인지 살펴보았습니다. 여기서 우리는 어떻게 해야 맑은 샘에 이를 수 있는지 물음을 던지게 됩니다. 영적 전통은 우리를 영혼의 근원으로 이끄는 다양한 길을 제시합니다. 우리 내면 저 깊은 곳에서는 성령의 샘이 솟고 있습니다. 그리고 이 샘은 덕의 샘, 가치의 샘으로 흘러들어 갑니다. 모든 영적 방법이나 길은 결국 내면의 샘과 접촉하는 데 그 의미가 있습니다. 기도와 묵상, 미사와 의례, 성경 독서와 침묵은 단지 원천에 이르는 방법에 그치는 게 아니라, 그 자체로 우리가 힘을 길어 낼 수 있는 원천입니다. 예컨대 우리는 반 시간 정도 묵상을 하고 나면 스스로 강해지고 새로워졌음을 느끼고는 합니다. 그런데 우리가 직접 걷는 길만 아니라, 하느님이 함께하시는 길 또한 중요합니다. 우리가 기도 중이나 자연 속에서 하느님을 체험하는 것은 우리가 수고한 결과가 아닙니다. 그것은 그분의 은총, 그분의 선물입니다. 곧, 하느님 은총과 하느님 체험은 우리 삶을 열매 맺게 하고 생기 나게 하는 중요 원천입니다.

성경 말씀

많은 그리스도인에게 성경은 샘입니다. 그들은 이 샘으로 살아갑니다. 그들은 매일같이 성경을 읽으면서 그 안에서 위로받고 굳세어지는 체험을 합니다. 어떤 사람들은 성경 말씀 한 구절을 자신의 것으로 삼아 평생을 가지고 다닙니다. 특히 세례나 견진을 받을 때 그렇게 하는 경우가 많습니다. 시편 말씀을 항상 붙들고 사는 사람들도 있습니다. 우리 수도원에서 사무를 보았던 마리아는 중증 암에 걸려 오래도록 힘들어했습니다. 죽음을 앞둔 그녀에게 그동안 살아오며 힘이 된 말씀이 있는지 묻자, 그녀는 곧장 시편 23편이라고 답했습니다. "주님은 나의 목자, 나는 아쉬울 것 없어라"(시편 23,1). 그녀는 힘들고 괴로울 때마다 이 말씀이 떠올랐다고 말했습니다. 세상을 떠나기 전 마리아는 자신이 어느 샘으로 살았는지 새삼 또 깨달았습니다. 그리고 예수님의 말씀을 묵상한 한 성가의 첫 소절을 다른 원천으로 꼽았습니다. "나를 따르라, 우리의 영웅이신 주님이 말씀하시네." 이 성가는 저마다 짊어져야 할 십자가에 대해 언급하고 있습니다(루카 12,27). 어떤 사람들은 이 말씀이 누군가에게는 위협으로 받아들여질 수도 있다고 말합니다. 그러나 마리아에게 이 말씀은 자신을 위로하는 동반자였습니다. 계획한 일들이 불운하게 좌절되었을 때, 그녀는 이 말씀을 꽉 붙들고 버텼습니다. 암에 걸렸을 때도 그녀는 이 말씀에 힘을 얻어 포기하지 않고 투병했습니다.

한 심리치료사는 상처받은 사람들을 치료하는 과정에서 큰 체험을 했다고 나에게 말했습니다. 최근 들어 코린토 2서에 나오는 한 말씀이 자신에게 점점 중요해졌다고 했습니다. "너는 내 은총을 넉넉히 받고 있다. 그 능력은 허약한 가운데서 완성되는 법이다"(2코린 12,9). 그녀는 이런 말씀이 정신적 상처를 입은 사람들이 치료되는 데 힘이 될 수 있음을 깨달았습니다. 우리는 심리치료나 영적 동반을 받다 보면 '성과 압박'을 받고는 합니다. 우리는 자신의 정신적 상처를 최대한 잘 치료받아, 어떤 불편한 데나 약점을 더는 남기지 않으려고 애씁니다. 그러나 그것은 망상입니다. 여기서 사도 바오로의 체험이 우리에게 위로가 됩니다. 바오로는 명예욕에 차서 율법을 추종하는 사람이었습니다. 지금껏 이루어 놓은 삶이 무너지고 회심하자 그는 명예욕을 열정으로 돌려 예수 그리스도의 복음을 선포하는 데 바쳤습니다. 그러나 그의 신경증적 기질은 그대로 남아 있었습니다. 그는 자신의 약함 때문에 지독히 괴로워했습니다. 그는 복음을 설교할 때면 사람들 앞에 확실하게 나서고 싶었지만 그러지 못했습니다. 그는 그 약함에서 벗어나게 해 주십사 그리스도께 간청했습니다. 그리스도께서 자신의 약함을 거두어 가시면 선교 사명을 더 잘 수행하리라 생각했을 것입니다. 그러면 그는 그분을 더 널리 선포했을 것입니다. 그러나 그리스도는 그를 있는 그대로 신뢰하셨습니다. 그가 당신 복음의 훌륭한 선포자라 믿으셨습니다. 그리스도의 은총은 바오로의 약함에서 그 힘이 드러난다는 말씀은, 우리를 성과 압박에서 벗어나게 해 줍니다. 자신의 성마름, 자신의 주저함, 자신의 약함과 화해하는 것이 우리에게 도움이 됩니다. 우리는 자기 자신과 그리고 자신의 약함과 더 이상 갈등할 필요가 없습니다. 우리는 무력한 가운데서 새로운 힘을 자각합니다. 이 힘은 마르지 않는 샘에서 나오는 것입니다. 이 같은 위로를 받는 동안 성령의 샘이 우리 내면에서 흐르며 작용합니다. 나의 강함만 아니라, 성령이 내 약함을 통해 활동하는 것도 중요합니다. 나의 약함은 극복하거나 억압해야 하는 것이 아닙니다. 내가 약할 때, 바로 그때 성령에 나를 열어야 합니다. 그러면 하느님의 영이 나의 강함을 통한 것보다 더 많이 활동할 것입니다. 내가 강할 때는 그 강함을 내 자아와 혼동할 위험이 항상 있습니다. 반면 약할 때는 하느님의 영에 나를 열 수 있습니다.

나에게는 예수님이 중풍 병자에게 하신 말씀이 한동안 중요한 원천이었습니다. "일어나 그대의 침상을 들고 집으로 가시오"(마르 2,11). 영성 프로그램을 처음 시작했을 때, 나는 준비 작업에 많은 힘을 들였습니다. 프로그램을 어떻게 구성해야 할지, 참여자들과 어떤 영적 훈련을 해야 할지 오래도록 골몰했습니다. 프로그램이 끝나면 이 훈련, 저 훈련이 구상한 바에 맞았는지, 사람들에게 효과적이었는지 다시 고민했습니다. 그런데 이제 알게 되었습니다. 그때 내게 중요했던 것은 참여자들에게 꼭 맞는 프로그램을 짜는 게 아니라, 사람들에게 영향력을 미치는 것이었습니다. 나는 모든 사람을 만족시키고 싶었습니다. 나는 명예욕이 있었습니다. 참여자들이 내 프로그램을 호평해야 한다고 생각했습니다. 그리고 되도록 많은 도움을 줘야 한다고 나 자신을 압박했습니다. 거기에 내 힘을 소모했습니다. 그때 예수님의 말씀이 도움이 되었습니다. 영성 프로그램을 앞두고 내가 무엇을 해야 할지 잘 모를 때도 있었습니다. 선뜻 선택을 하지 못하고 망설일 때도 있었습니다. 그러나 무엇이 최선의 선택인지 골몰하는 일을 그만두었습니다.

프로그램이 열리는 장소에 갈 때마다 나 자신에게 이 말씀을 되뇌었습니다. "일어나 그대의 침상을 들고 집으로 가시오." 그리고 프로그램을 만들게 한 첫 충동을 믿고 갔습니다. 나는 예수님이 중풍 병자에게 하신 말씀에 힘입어, 모든 순간 모든 일을 최상으로 잘해야 한다는 압박에서 벗어났습니다. 그 충동은 머리에서도, 모든 일을 똑바로 잘하고 싶은 욕망에서도 나오지 않았습니다. 더 넓고 더 깊은 곳으로부터 나왔습니다. 예수님의 이 말씀은 나를 내면의 샘과 접촉하게 해 줬습니다. 이후로는 한결 긴장을 풀고 프로그램을 이끌고 있습니다. 나는 믿습니다. 내가 마음을 내려놓으면 참여자들에게도 그 영향을 미칩니다. 곧, 모든 것을 대단하게 해내야 한다는 압박에서 그들도 벗어나게 됩니다.

나에게 성경은 한없는 원천입니다. 이미 수많은 구절을 묵상했는데도 끊임없이 새로운 것을 발견합니다. 오래전부터 의지해 온 말씀이 내 심리적 상태에 따라 문득 새롭게 말을 거는 일도 있습니다. 나는 그 말씀을 위대한 문학작품이 아닌, 생명을 주는 말씀, 영으로 가득 찬 말씀으로 체험합니다. "당신 말씀은 제 발에 등불, 저의 길에 빛입니다"(시편 119,105). 내가 성경 말씀을 바르게 이해하여 말씀이 내 삶의 빛이 되기 위해서는 물론 성령의 도움이 필요합니다. 예수님은 성령이 우리에게 오실 것을 약속하셨습니다. 성령이 우리에게 모든 것을 가르치실 것이고, 예수님이 우리에게 말씀하신 모든 것을 생각나게 하실 것입니다(요한 14,26). 진리의 영이 오시면 우리를 모든 진리 안으로 인도하실 것입니다(요한 16,13). 나는 성령을 통해 예수님의 말씀을 온전히 이해합니다. 성령이 내 눈을 뜨게 해 주시어, 나는 일순간 통찰합니다. 내게 도움을 구하는 사람과 대화를 나누다 보면 더 나아가지 못하고 막힐 때가 있습니다. 그때 성경 말씀이 떠오르고는 합니다. 어둠 속에 빛이 비칩니다. 그리고 나의 사색으로는 이르지 못했을 새 길을 보여 줍니다. 그렇지만 성경 말씀으로 살기 위해서는 영적 훈련도 필요합니다. 성경 말씀을 자주 읽고 묵상해야 합니다. 그래야 그 말씀이 내 안에 깊이 스며들고 새겨져서 내 삶에 영감을 불어넣습니다.

묵상과 기도

영적 전통에서 묵상은 자신의 중심에 이르는 길을 찾고 그곳에서 성령의 샘을 발견하는 데 유용한 방법으로 인식되었습니다. 그리고 호흡은 내면 깊은 곳에 이르는 길로 인정되었습니다. 그리스도교 전통에서 호흡은 성경 말씀이나 '예수기도'와 연결되었습니다. "주 예수 그리스도님, 하느님의 아드님, 저에게 자비

를 베푸소서!" 이 말씀을 호흡의 리듬에 맞춰 반복하면 자신의
호흡을 마치 콘크리트층을 뚫는 드릴처럼 체험할 수 있습니다.
그 콘크리트층은 우리를 내면의 샘과 차단해 놓았는데, 때로는
드릴이 들어가지 않기도 합니다. 그러면 묵상이 피상적 차원에
그치고 맙니다. 그러나 호흡이 말씀과 함께 우리를 저 깊은 곳으
로 인도하면 결코 마르지 않는 샘을 자각하게 됩니다. 우리는 숨
을 내쉬면서 내면의 샘과 접촉하고, 숨을 들이쉬면서 몸과 마음
깊은 데서 나온 샘물이 우리 안에 흘러들게 합니다. 그 샘물은
우리를 생기 있게 하고, 맑아지게 하며, 깨끗하게 합니다.

수도승생활 전통에 따라 묵상에는 두 가지 방식이 있습니다. '반
추'(ruminatio)와 '영적 독서'(lectio divina)입니다. 반추를 통해 우리
는 말씀을 호흡과 연결하고 그 호흡에 집중함으로써 우리 영혼
깊은 곳으로, 내면의 샘이 솟고 있는 그곳으로 인도됩니다. 우리
는 숨을 들이쉬고 내쉴 때마다 낮은 목소리로 말씀을 읊습니다. 이
로 인해 영은 다른 데로 벗어나지 않고 말씀과 연결됩니다. 그리
고 침묵의 공간으로 들어가는 문이 열립니다. 그곳은 우리 안에
서 하느님이 머무르시는 공간입니다. 그 내적 침묵의 공간에서
우리는 자각합니다. 하느님의 것이어서 결코 마르지 않는 샘이
우리 안에 솟아 흐르고 있습니다. 묵상을 통해 내면의 샘과 접촉
하는 한, 우리는 사람들에게 많은 것을 내줄 수 있고, 쉽사리 탈

진하지도 않을 것입니다.

영적 독서를 통해 우리는 성경을 읽으면서, 말씀이 우리 안에 점점 더 깊이 스며들어 우리 마음과 접촉하게 합니다. 영적 독서에서 묵상이란 우리가 성경 말씀을 음미하여, 말씀이 우리 내면을 감미롭게 하는 것을 뜻합니다. 그러면 우리는 예수님이 당신 말씀의 작용에 대해 언급하신 바를 알아들을 것입니다. "내가 여러분에게 이른 그 말로 말미암아 이미 여러분은 깨끗합니다"(요한 15,3). 성경 말씀이 이제 우리 안에서 그 의미가 명료해집니다. 성경 말씀은 우리를 우리 안에 있는 깨끗한 것, 순수한 것과 접촉하게 합니다. 성경 말씀은 깊은 내적 평화를 누리게 합니다. 예수님의 말씀은 당신 말씀을 듣고 있는 이들의 마음도 언제나 기쁘게 했습니다. "내가 여러분에게 이런 일들을 말한 것은 내 기쁨이 여러분 안에 있고 또한 여러분의 기쁨이 가득 차게 하려는 것입니다"(요한 15,11). 예수님의 말씀은 우리 마음 깊은 곳에 숨어 있는 기쁨으로 우리를 이끕니다. 그리고 우리의 기쁨을 그분의 기쁨으로 가득 채웁니다. 그분의 기쁨은 신적 근원에서 흘러나와 다함이 없습니다. 영적 독서의 목표는 '관상'(comtemplatio)입니다. 수도승들은 이를 순수한 침묵 상태로 이해합니다. 이제 내가 성경 말씀을 깊이 생각하는 게 아니라, 외려 성경 말씀이 나를 침묵으로 이끕니다. 그곳에서 나는 하느님과 접촉하여 그분과 하나가 됩니다. 그곳에서 신적인 사랑의 샘이 솟아 흐릅니다. 그곳에서 나는 내 삶을 받아들이며, 사랑으로 채워집니다. 그 사랑은 하느님의 말씀으로 내 안에 스며들었고, 이제는 내 안에 사랑의 샘이 솟아나게 합니다.

아빌라의 데레사는 우리가 일상에서 바치는 단순한 기도에서도 삶의 중심에 이르는 길을 찾습니다. 주님의 기도, 성모송, 묵주기도 같은 일상적 기도는 외적 기도로 그치지 않습니다. 바르게 기도하는 사람은 언제나 성령 안에서, 그리고 성령에 힘입어 기도합니다. 여기서 중요한 것은 신앙적 성과를 내는 게 아닙니다. 오히려 우리는 기도를 바치며, 우리 안에 있는 샘을 거듭 떠올리며, 그 샘에서 물을 길어야 합니다. 우리의 원의로 흐려진 샘에서 물을 길어서는 안 됩니다. 이것은 "예수님의 이름으로", "하느님의 도우심과 함께" 같은 화살기도의 목표이기도 합니다. 이런 짧은 기도는 우리 안에 무엇인가 다른 것이 있음을 깨닫게 합니다. 우리는 그로부터 물을 길어 올릴 수 있습니다. 대부분의 경우에는 하느님 앞에 앉아 침묵하는 것, 그리고 의탁하는 것으로 족합니다. 그로써 우리는 안식에 이르고, 침묵 가운데 자신이 내적으로 회복되고 생기를 얻으며 강해짐을 느낍니다.

카시아누스는 우리에게 상상력의 도움을 받은 한 가지 묵상법을 가르쳐 줍니다. 현대 심리학이 새롭게 발견한 치료법을 그는 이미 1600년 전에 발전시켰습니다. 카시아누스에 따르면 묵상 중에 우리는 모욕을 당해도 온유하게 반응하는 모습을 상상해야 합니다. 이는 우리가 자발적으로 하는 게 아닙니다. 그는 '묵상'(meditatio)을 내적 태도의 훈련으로 받아들입니다. 묵상 중에 우리는 자신이 원하는 태도나 예수님이 복음에서 당신 영에 부합하는 것으로서 선포하신 태도를 상상합니다. 카시아누스는 매일 묵상하며 완전한 인내를 훈련하라고 권고합니다. 그리고 묵상자에게 이렇게 권유합니다. "온갖 가혹한 일들과 못 견딜 일들을 수시로 상상하면서, 항구히 통회하는 가운데 그것들을 얼마나 온순하게 대해야 하는지 묵상해야 합니다"(『담화집』 19,14).

하지만 일상생활에서 이를 실천하기란 쉽지 않습니다. 한 수녀가 나에게 털어놓기를, 몇몇 동료 수녀에게 늘 화가 난다고 했습니다. 그 화는 내면에서 응어리가 되어 머리와 가슴 사이를 오르내리며, 그 수녀를 내면의 샘과 차단했을 것입니다. 동료 수녀들이 입을 열면 곧장 그 수녀는 공격적으로 반응합니다. 마치 그 수녀의 내면에서 더러운 물이 쏟아져 나와 마구 차오르고 흘러넘치는 것 같습니다. 그런 상태로는 더 이상 이성적으로 반응할 수 없습니다.

그 수녀는 자신이 동료 수녀들에게 휘둘리는 게 항상 화가

납니다. 이때 카시아누스의 권고가 큰 도움이 될 것입니다. 나 자신과 온전히 평화로운 모습, 내면의 샘과 접촉하여 안식과 평정, 평화와 온유를 이룬 모습을 상상하는 것입니다. 그러면 더는 중심을 잃지 않을 것입니다. 오히려 자발적으로 반응할 것입니다. 동료 수녀들에게 나 자신을 변호하고 방어하는 위치에 서지 않을 것입니다.

나는 카시아누스가 발전시킨 묵상법을 지금 우리에게 도움이 될 만한 훈련으로 바꿔 보고자 합니다.

긴장을 풀고 자리에 앉으십시오. 눈을 감으십시오. 당신이 집에서 가장 좋아하는 자리에 앉아 있다고 상상하십시오. 숨을 느끼십시오. 숨이 당신 몸에 어떻게 흐르는지 느끼십시오. 숨을 들이쉬고 내쉬며 나 자신을 받아들이십시오.

지금 있는 그대로 좋습니다. 나는 온전히 나에게 머뭅니다. 나 자신과 조화롭습니다. 나는 내 중심에 있습니다. 나는 내면의 샘과 접촉합니다.

그다음에는 이렇게 상상하십시오. 당신과 친밀한 사람이 다가옵니다. 그 사람과 즐겁게 대화를 나눕니다. 당신이 온전히 자신에게 머물러 있고, 상대에게 마음을 연다면 대화는 어떻게 흘러갈까요? 당신이 상대의 기대를 채워 주거나, 좋은 모습을 보여야 한다는 압박에서 벗어나 있다면 대화는 어떻게 흘러갈까요? 당신이 상대의 얼굴을 보고 상대의 말을 들으며 상대를 의식적으로 인식한다면 대화는 어떻게 흘러갈까요? 당신 마음에서 흘러나온 말로 상대에게 답한다면 대화는 과연 어떻게 흘러갈까요?

이제 그 사람과 작별하십시오. 당신이 온전히 자신에게 머물러 있음을 느껴 보십시오.

그리고 이렇게 상상하십시오. 당신을 구속하는 사람, 당신을 분노하게 하는 사람, 당신이 그저 마지못해 대화를 나누는 사람, 당신과 충돌하고 있는 사람이 다가옵니다. 당신이 온전히 자신에게 머물러 있다면 대화가 어떻게 흘러갈까요? 당신이 상대에게 어떤 역할도 강요받지 않는다면 대화는 어떻게 흘러갈까요? 당신이 상대의 발언에 구속받지 않는다면 대화는 어떻게 흘러갈까요? 상대에게 공격적으로 대응하지 않고, 상대 안에 있는 갈망을 알아차린다면 그를 달리 보지 않을까요? 상대의 존엄에 주의를 기울여 보십시오. 그리고 당신이 상대에게 무슨 말을 하고 싶은지, 상대에게 어떻게 말하고 싶은지 상상하십시오.

이제 다시 작별하십시오. 당신이 온전히 자신에게 머물러 있는지 느껴 보십시오.

이 같은 묵상은 당신에게 좋은 훈련이 될 것입니다. 이 훈련을 통해 버거운 일상 상황에서도 내적 원천에서 힘을 얻어 반응하고, 다른 사람들에게 역할을 강요받지 않을 것입니다. 당신이 함께 일하는 사람들을 친절히 대하기로 굳게 결심하면, 누군가 당신의 중심을 흔들어 놓더라도 그 결심이 다시 떠오를 것입니다. 당신이 평정의 태도를 마음속 깊이 묵상하면 동료에게 비판적 시선을 받고 모욕적 발언을 듣더라도 묵상에서 체험한 바가 떠오를 것이고, 다시 중심을 잡을 것입니다. 당신이 온전히 자신에게 머물러 있으면 더 이상 외부로부터 규정되지 않고, 내면의 샘에서 물을 길어 올릴 것이며, 당신의 가슴에서 나온 것, 당신을 위해 옳은 것을 말할 것입니다. 그로써 어려운 상대를 만나도 힘들거나 고되지 않고, 상대에게 구속받지 않을 것입니다. 도리어 내적 자유를 느낄 것입니다. 중심을 잃지 않으며, 내면의 샘과 차단되지도 않을 것입니다.

묵상은 우리를 중심으로 이끕니다. 카를프리트 그라프 뒤르크하임은 '묵상'(meditiatio)을 늘 '중심'(medium)과 연결했습니다. 묵상 중에 나는 내 중심을 찾습니다. 그리고 그 중심에서 성령의 샘이 솟아납니다. 그곳에서 나는 나의 내적 자원과 접촉합니다. 타인들이 나를 규정하는 한 내 감정은 타인들에 의해 결정되고 오염됩니다. 카시아누스는 묵상을 감정의 정화로 이해합니다.

내가 분노와 초조, 시기와 질투에 뒤흔들리지 않으려면 감정을 정화해야 합니다. 그러므로 감정을 정화한다는 의미의 묵상은 영적 건강을 위한 한 가지 길입니다.

의식의 힘

내면의 샘과 끊임없이 접촉하기 위한 방법으로는 일상적 의식 儀式도 있습니다. 의식은 우리가 본래 무엇으로 사는지 거듭 상기시켜 줍니다. 의식은 자기 자신을 온전하고 성스럽게 체험하는 시간입니다. 의식은 살아지는 것이 아닌 스스로 살아가고 싶은 마음을 불러일으킵니다. 저마다 나름의 의식을 만들 수 있습니다. 우리가 온종일 내면의 샘과 접촉할 수는 없습니다. 그러나 우리는 일상적 의식이 필요합니다. 우리는 의식을 치르며 나 자신을 잠시 멈춥니다. 그리고 자신의 중심과 그 중심에서 솟는 샘을 자각합니다. 멈추지 않으면 우리 안에 있는 샘이 말라 버리거나, 우리가 더 이상 샘과 접촉하지 못합니다.

아침 의식으로 당신은 두 손을 높이 들고 하루를 축복하는 몸짓을 훈련할 수 있습니다. 하느님의 축복이 두 손을 통해 당신이 사는 공간과 일하는 공간으로 흘러들어 간다고 상상하십시오.

그러면 당신은 다른 마음가짐으로 집을 나설 것입니다. 직장이 다툼과 음모로 가득하다는 기분, 부정적 감정과 억압된 그림자로 흐려졌다는 기분이 더 이상 들지 않을 것입니다. 오히려 당신은 하느님의 축복이 감도는 공간에 들어섭니다. 당신이 오늘 만나는 가족들, 친구들, 동료들에게 축복을 보내는 모습을 상상하십시오. 이제 사람들을 만나면 당신이 보낸 축복이 떠오를 것입니다. 사람들과의 만남이 전과 다를 것입니다.

저녁 의식으로는 양손을 교차하여 가슴 위에 댈 수 있습니다. 당신 내면으로 들어가는 문을 닫고 이제 오직 하느님과 함께 머문다고 상상하십시오. 두 손을 교차하여 하느님이 당신 안에서 머무르시는 공간을 지킵니다. 그 안에는, 당신 영혼의 그 근원에는 마르지 않는 샘이 솟아 흐르고 있습니다. 당신이 종일 많은 것을 준다고 하더라도 죄다 내준 것은 아닙니다. 그럼에도 샘은 계속 솟습니다. 그 샘이 신적이기 때문입니다. 당신은 피로할지도 모릅니다. 그러나 탈진하지는 않습니다. 당신은 다음 날에도 그 샘에서 물을 길을 수 있음을 알고 있습니다.

특히 할 일이 많은 날이라면 당신은 이런 짧은 의식을 치를 필요가 있습니다. 오늘 나를 기다리고 있는 모든 일을 내적 원천에서 힘을 얻어 행할 것을 의식을 통해 체험해 보기 위해서입니다. 그러면 당신은 많은 대화와 만남, 과업도 전혀 힘에 부치지 않음을 경험할 것입니다. 행여 할 일이 정말 많다면, 꼭 당신은 자신 안에 마르지 않는 샘이 있음을 확신해야 합니다.

침묵과 휴식의 시간

우리는 모두 침묵의 시간이 필요합니다. 침묵 가운데 우리는 자신을 둘러싼 소음, 수많은 논의와 토의 같은 일의 소음으로부터 물러날 수 있습니다. 우리는 저마다 나름대로 물러나는 방법을 만들었습니다. 어떤 사람은 산책을 가고, 또 어떤 사람은 이른바 광야의 날을 보냅니다. 일상사에서 벗어나서 영적으로 심화하고 집중하는 날을 보내는 것입니다. 또는 자기 방에 틀어박혀 아무 연락도 받지 않는 사람도 있습니다. 우리는 누구나 뒤로 물러날 수 있어야 합니다. 그래야 나를 뒷받침해 주는 것, 내가 굳건히 서도록 받쳐 주는 것을 발견할 수 있습니다. 뒤로 물러나는 것은 나 자신의 뒤를 봐주는 것, 돌봐 주는 것과 항상 연결되어 있습니다. 나는 나 자신을 아낍니다. 나 자신을 사려 깊게 대하여 내면의 샘이 다시 흐르게 합니다.

초기 수도승들은 뒤로 물러나는 시간과 침묵의 시간을 고요해진 물에 비유했습니다. 이에 대한 세 수도승 이야기가 있습니다. 그들은 저마다 선행을 하겠다고 결심했습니다.

첫째 수도승은 반목하는 사람들을 평화로 이끌겠다고 결심했다. "복되어라, 평화를 이룩하는 사람들!"(마태 5,9)이라는 말씀에 따른 것이었다. 둘째 수도승은 병자들을 찾아가겠다고 했다. 셋째 수도승은 사막으로 갔는데, 고요히 지내기 위해서였다.

첫째 수도승은 반목하는 사람들을 위해 애썼지만, 모든 사람을 평화롭게 해 줄 수는 없었다. 그는 낙심하여 둘째 수도승을 찾아갔다. 병자들을 돌보고 있던 둘째도 상심해 있었다. 그도 자신이 뜻한 바를 완벽히 실행할 수는 없었기 때문이다. 그리하여 그들은 사막으로 간 셋째 수도승을 찾기로 했다.

두 수도승은 셋째에게 자기네 처지를 털어놓았다. 그리고 사막에서 무엇을 얻었는지 터놓고 말해 달라고 간청했다. 셋째는 잠시 침묵하다가 그릇에 물을 붓더니 그들에게 들여다보라고 했다. 물은 그릇 속에서 찰랑이고 있었다. 잠시 뒤 셋째는 그들에게 그릇을 다시 들여다보게 하면서 말했다. "이제 물이 얼마나 잔잔해졌는지 살펴보게나." 그들이 들여다보니 물 위로 자기네 얼굴이 거울 보듯 비쳤다. 셋째가 뒤

이어 이렇게 말했다. "사람들 사이에서 지내는 이도 이와 마찬가지라네. 마음이 고요하지 않고 뒤엉켜 있으면 자신이 저지른 죄를 볼 수 없다네. 고요하게 있는 사람, 특히 고독 속에 머무르는 사람은 곧 자신의 과오를 알아차린다네."

오늘날 많은 사람이 세 젊은 수도승과 비슷한 체험을 합니다. 타인을 위해 자신을 바치려 하고 타인을 도우려 합니다. 하지만 자신이 계획한 대로 이루어지지는 않음을 절감합니다. 의지만으로는 이상을 실현하지 못합니다. 우리는 내적 고요를 체험할 필요가 있습니다. 우리는 고요 가운데 자신의 실제 모습을 볼 수 있습니다. 침묵 중에 영혼의 물이 잔잔해지면 우리는 거기서 물을 길어 낼 수 있고, 계획한 바도 이룰 수 있습니다. 내면이 소란스러운 한, 자신 안에 흐르고 있는 에너지를 자각하지 못합니다. 자신 안에 있는 힘을 발견하려면 고요가 필요합니다.

일상의 스트레스와 소음에 지친 사람들은 이제 휴식과 고요를 찾습니다. 나는 우리 수도원에 찾아오는 사람들을 보며 물러남을 향한 그들의 갈망이 얼마나 큰지 알게 됩니다. 많은 사람이 우리 수도원에서 운영하는 손님의 집에 머물며 며칠간 침묵의 날을 보내려 합니다. 그들은 일상의 소음에서 벗어나기를 갈망합니다. 그리고 수도승들의 기도와 수도원의 침묵에 잠겨 들기를 원합니다. 그들은 침묵 중에 자신을 만납니다. 그렇지만 그 체험은 때때로 불편합니다. 그래서 그들은 자신에게 일어난 내적 혼돈을 잘 다루기 위해 영적 동반자를 찾기도 합니다. 그렇게 침묵의 나날을 보낸 뒤 그들은 다시 일상으로 돌아갈 만큼 강해져 있음을 느낍니다. 그들은 내면의 샘에서 흘러나오는 물을 마신 것입니다.

자연 체험

많은 사람이 자연을 원천으로 삼아 힘을 얻습니다. 어떤 사람들은 숲을 거닐고 생기를 얻습니다. 어떤 사람들은 푸른 들판에 앉아 그저 풍경을 바라보고 새소리를 듣습니다. 그리고 스치는 바람을 느끼고 따스한 햇볕을 쬐는 사람들도 있습니다. 자연에서 우리는 있는 모습 그대로 머물 수 있습니다. 무언가를 해낼 필요도, 무언가를 판단받을 필요도 없습니다. 자연에서 우리는 보호를 받습니다. 우리 인간은 자연의 일부입니다. 우리는 자연과 하나 됨을 느낍니다. 자연에 스민 힘과 깃든 영을 나누어 받습니다. 자연 속에 들어가면 나는, 곳곳에서 느껴지는 생명이 내 안에도 흘러들고 있음을 자각합니다. 이제 나는 생기 넘칩니다. 내 안에 새 힘이 있음을 압니다.

동물들이 힘을 길어 내는 원천이라고 말하는 사람들도 있습니다. 한 여성은 그녀의 개에게 고마워합니다. 그 개는 날마다 두 번이나 산책을 나가자고 졸라 대지만, 근심거리가 있을 때면 위로를 받습니다. 개는 판단하지도 평가하지도 않습니다. 그저 그녀 곁에 있습니다. 어떤 사람들은 자신이 기르는 말에게서 비슷한 것을 경험합니다. 말을 쓰다듬으며 먹이를 줄 때, 말을 타고 달릴 때 그들은 그 생명력을 나누어 받습니다. 그때 너른 안목과 자유와 결속, 그리고 근원적 이해를 체험합니다. 농가에서 자란 한 여성이 말하기를, 어린 시절 학교에서 돌아오면 먼저 외양간으로 가서 소들에게 그날 일을 들려주었다고 합니다. 소들에게 무언가를 얘기하면 정말 귀 기울여 듣는 것 같았고, 보호받고 이해받는 기분도 들었다고 합니다. 그것이 그녀에게는, 긴장되고 힘도 많이 드는 학교에서 돌아와서 다시 새 힘을 얻는 방법이었습니다.

활동적인 사람들은 침묵하며 앉아 있을 때보다는 몸을 움직이며 걸을 때 자신의 원천을 체험합니다. 그들은 산을 오르며 자신의 에너지와 접촉합니다. 지난날 탈진할 때는 물론, 지금도 일에서 좌절할 때면 그들은 여기저기 거닐면서 다시 내면의 샘과 접촉합니다. 그들은 산을 오르며 땀을 뻘뻘 흘리고 지치겠지만, 힘이 들어도 내적 생기를 느낍니다. 새 힘이 그들 안에 흘러듭니다. 일상의 근심이 싹 씻긴 듯합니다. 머리가 다시 맑아집니다. 어떤 사람들은 일을 마친 뒤 자전거를 타고 교외를 달립니다. 그러면서 자신을 짓누르는 온갖 것에서 벗어납니다. 그들은 광활한 풍경을 즐기며, 가슴이 넓게 트임을 느낍니다. 한 남성은 자전거를 타고 달리는 게 자신에게는 어릴 적부터 자유를 뜻했다고 이야기했습니다. 그는 자전거를 타면 삶을 주도하는 기분이 들었습니다. 그는 자전거를 마음대로 다루게 된 뒤로 더 이상 어머니와 할아버지에게 이리저리 휘둘리지 않게 되었고, 이는 지금까지 이어지고 있습니다.

어린 시절부터 의식적으로 자연을 찾아 밖으로 나가는 사람들이 많습니다. 그렇게 그들은 부모와, 그리고 부모의 기대나 판단과 거리를 두었습니다. 자연에 있으면 누구도 그들에게 무언가를 바라지 않았습니다. 자연에서 그들은 자신이 원하는 대로할 수 있었습니다. 어른이 된 지금도 자연을 거닐면 그들은 자유로운 기분, 보호받는 기분이 다시 듭니다. 한 여성은 몇 시간이고 초원에 앉아, 자신의 주위를 둘러싼 생명과 하나 됨을 느꼈다고 했습니다. 꽃들, 벌레들, 새들, 바람과 하나가 되었습니다. 그리고 자기가 대지에 의해 떠받쳐진다고 느꼈습니다. 그녀는 대지 위를 구르며 몸을 내맡겼습니다. 초원에 누워 하늘을 바라보며 구름이 쉼 없이 변하는 모습을 관찰했습니다. 정말 행복했습니다. 그녀는 지금도 자연에 갈 때면 무언가를 눈으로 보고 코로 냄새 맡으며 귀로 듣고 손으로 만질 수 있는 자리를 찾아다닙니다. 그녀는 그것으로 족합니다. 마치 어린 시절로 돌아간 듯합니다. 자유로움과 보호받음, 드넓음의 체험을 떠올리면서 그녀는 주위의 생명이 다시금 자신 안에 흘러듦을 느낍니다. 자연에 깃들어 있는 영이 그녀 안에 흐릅니다. 이는 하느님의 영입니다. 하느님은 자연에서 당신의 무한하심을 드러내시고 그녀에게 새 힘을 주십니다.

자연에서 하는 체험, 곧 숲을 산책하고 자전거를 타며 초원 위에 눕는 체험은 우리를 치유합니다. 그 체험은 우리를 어린 시절의 중요 체험과 접촉하게 해 줍니다. 또 그 체험은 자연에서 다함이 없이 충만한 생명을, 우리도 나누어 받은 그 생명을 알아차리게 해 줍니다. 자연은 아무리 바라봐도 싫증 나지 않습니다. 자연은 생명의 샘을 마시라며 우리를 거듭 초대합니다.

· 5 ·

성경 표상

성경에서 샘의 표상은 중요한 역할을 합니다. 샘의 표상은 결국 강렬한 체험을 가리킵니다. 인간이 하느님을 만나 그분 신비를 체험하면 그의 내면에서 샘이 솟습니다. 하느님이 친히 인간에게 샘이 되십니다. 시편은 하느님에 관해 이렇게 말합니다. "정녕 당신께는 생명의 샘이 있습니다"(시편 36,10). 다른 표상을 들어 말하자면, 하느님은 인간에게 당신 기쁨의 강물을 마시게 하십니다(시편 36,9). 그분은 골짜기마다 샘을 터뜨리십니다(시편 104,10). 그분은 인간의 마음에 신적 사랑의 샘을 향한 갈망을 넣어 주셨습니다. "암사슴이 시냇물을 그리워하듯, 하느님, 제 영혼이 당신을 이토록 그리워합니다"(시편 42,2). 그리고 그분은 인

간 안에 있는 완고한 것, 냉혹한 것을 "물 솟는 샘으로"(시편 114,8)
변화시켜 주십니다. 시편 기도자는 하느님을 자신을 살리는 샘,
생기 있게 하는 샘, 완고한 마음을 적셔 주는 샘으로 체험합니
다. 우리가 산길을 오래 걷고 시원한 물을 찾듯, 신심 깊은 사람
은 하느님을 찾습니다. 하느님 체험은 샘과 같습니다. 우리는 세
상이라는 광야를 가로지르며 힘을 얻기 위해 그 물을 마실 수 있
습니다. 시편 87편에서 기도자는 이렇게 노래합니다. "나의 모
든 샘이 네 안에 있네"(시편 87,7). 여기서 "네"는 예루살렘을 두고
한 말인데, 어느 현대 성가에서는 이 부분이 하느님을 가리킵니
다. "나의 모든 샘이 당신 안에 있네, 나의 선하신 하느님 안에."
이러한 말씀들은 하나의 체험을 표현합니다. 하느님은 기도자
에게 몸소 샘이 되셨습니다. 그들은 거기서 나오는 물을 마실 수
있습니다. 그들이 이 신적 샘과 접촉하면 그들 안에 있는 메마른
것, 냉혹한 것이 부서질 것입니다. 이는 광야에 있는 바위와 같
습니다. 모세의 지팡이가 닿자 바위에서 물이 터져 나왔습니다.
하느님을 이처럼 만나면 우리의 완고한 마음, 쓰라린 마음에서
신선한 물, 우리를 살리는 물이 솟아 흐를 것입니다.

잠언에 따르면 하느님에 대한 경외는 생명의 샘입니다(잠언
14,27). 그분 말씀을 내 마음에 두면, 그분과의 만남과 그분 현존
을 기다리면 나는 결코 마르지 않는 샘에서 물을 길을 것입니다.

잠언에는 보편적 지혜가 담긴 금언들이 한데 모여 있습니다. 잠언에서도 샘은 여러 맥락에서 나타나며 중요한 표상으로 다루어집니다. "현인의 가르침은 생명의 샘이라 죽음의 올가미에서 벗어나게"(잠언 13,14) 하고, "식견은 그것을 지닌 이에게 생명의 샘이"(잠언 16,22) 됩니다. 그리고 "사람 입에서 나오는 말은 깊은 물이고 지혜의 원천은 쏟아져 흐르는 시냇물"(잠언 18,4)이지만, "악인 앞에서 흔들리는 의인은 흐려진 샘물이며 못 쓰게 된 우물과"(잠언 25,26) 같습니다. 오늘날 우리도 여기서 말하는 것과 똑같은 체험을 할 수 있습니다. 때로 책을 읽다가 만난 어떤 구절이 우리에게 생기를 주기도 하고, 또는 누군가 해 준 한마디 말이 우리 가슴에 와닿아 거기에서 내면의 샘이 솟아 흐르게 되기도 합니다. 그렇지만 우리는 그 샘물을 잘못하여 쏟아 버리기도 합니다. 우리가 자신의 참된 본질에서 벗어나고 다른 사람들에 의해 뒤틀리면, 우리 안에 있는 샘물을 잘못 쏟을 것입니다. 반면 우리가 현명한 사람들과 만나 지혜에 이르면 생명을 주는 샘을 우리 안에서 찾을 것입니다. 아가에서는 신랑이 신부를 "봉해진 우물"(아가 4,12)이라 부릅니다. 신랑이 신부를 샘의 표상으로 찬미합니다. "그대는 정원의 샘, 생수가 솟는 우물이라오"(아가 4,15). 사랑하는 상대는 마치 샘과 같아서, 우리는 거기서 나오는 물을 마실 수 있습니다. 시대를 막론하고 시인들은 이 체험을 사랑 시로 지어 노래했습니다. 여자는 남자에게 영감의 샘입니다. 그 영감에 남자는 고무되었습니다. 여자는 남자에게 생기를 불어넣는 사랑의 샘이기도 합니다. 반대로 남자도 여자에게 분별의 샘, 방향 찾기의 샘, 일상에 필요한 힘을 긷는 샘이 될 수 있습니다.

예언자 이사야에게 샘은 하느님이 우리에게 마련해 놓으신 구원에 대한 표상입니다. 그분은 약속하십니다. "너희는 기뻐하며 구원의 샘에서 물을 길으리라"(이사 12,3). 그리고 자신이 마치 사막처럼 메마르고 굳어졌다고 절감하는 사람들에게 약속하십니다. "광야에서는 물이 터져 나오고 사막에서는 냇물이 흐르리라. 뜨겁게 타오르던 땅은 늪이 되고 바싹 마른 땅은 샘터가 되리라"(이사 35,6-7). 이는 하느님이 우리에게 건네시는 위로의 말씀입니다. 우리는 저마다 삶에서 광야의 시간을 체험합니다. 그러나 광야 한가운데 우리가 마실 수 있는 샘과 우물이 있습니다. 하느님의 약속에 힘입어 우리는 자신 안에 있는 말라 죽은 것, 메마른 것에 대한 고착에서 벗어납니다. 그러나 샘은 온 사막이 아닌 그 둘레에만 물을 대 줍니다. 우리는 이 양가적 상태를 받아들여야 합니다. 우리는 샘을 품고 있는 사막입니다. 우리는 자신이 사막처럼 바짝 말라 있다고 느끼고는 합니다. 우리 안에 있는 모든 게 황량하고 공허합니다. 우리는 사막 한가운데 샘이 솟고 있음을 믿어야 합니다. 그래야 사막을 한 걸음 물러서서 볼 수 있습니다.

하느님은 당신의 영으로써 우리의 굳은 마음을 살아 있는 샘으로 바꾸어 주십니다. 그분은 우리를 가엾이 여기시어 당신 구원의 샘으로 이끌어 주십니다(이사 49,10). 예언자 예레미야에 따르면 하느님은 당신을 생수의 원천이라 부르십니다. 그러나 이스라엘 백성은 그 샘을 거부했습니다. 도리어 물이 고이지 못하는 갈라진 저수 동굴을 팠습니다(예레 2,13). 하느님은 당신을 저버린 이스라엘 백성에게 재앙을 경고하십니다. 예언자 호세아는 재앙의 표상으로 마른 샘의 표상을 듭니다(호세 13,15). 호세아 시대에 그랬듯이 지금도 거짓 예언자들은 금세 말라 버리고 마는 샘을 선포합니다. 그들은 행복해지는 길을 떠벌리고 다닙니다. 그새 길을 기분 좋게 따라가다 보면, 어느새 그 약속의 샘이 본색을 드러내어 실은 물이 새는 갈라진 저수 동굴임이 밝혀집니다.

에제키엘 예언자는 성전에서 솟아 흐르는 물을 환시에서 보게 됩니다. 주님의 집 문지방 밑에서 물이 솟아 나옵니다. 그 물이 불어나서 큰 강이 되고, 결국 바다로 흘러들어 갑니다. 성전에서 나온 그 물은 짠 바닷물을 되살립니다. "그래서 이 강이 흘러가는 곳마다 온갖 생물이 우글거리며 살아난다. 이 물이 닿는 곳마다 바닷물이 되살아나기 때문에, 고기도 아주 많이 생겨난다. 이렇게 이 강이 닿는 곳마다 모든 것이 살아난다"(에제 47,9). 교부들은 이 환시를 예수님의 옆구리와 연결하여 해석했습니다. 십자가 위에서 돌아가실 때, 그분의 옆구리에서 피와 물이 흘러나왔습니다. 예수님은 참된 성전이십니다. 그분의 심장에서 흘러나오는 물은 우리의 상처를 치유하고 건강하게 하며, 우리 삶을 가득 채웁니다.

신약성경의 마지막 책인 요한묵시록에는 그리스도가 우리에게 주시는 구원이 샘의 표상으로 기술되어 있습니다. "과연 옥좌 가운데 계신 어린양이 그들을 거느려 기르시고 그들을 생명의 샘으로 인도하실 것이오"(묵시 7,17). 그리스도는 몸소 우리를 샘으로 이끄실 것입니다. 우리는 그 샘에서 나오는 물을 마시며 생명을 얻을 것입니다. 마지막 현시에서 그리스도는 옥좌에 앉아 우리를 초대하십니다. "나는 목마른 자에게 생명수의 샘에서 거저 마시게 하겠다"(묵시 21,6).

나는 여기 실린 성경 구절들을 묵상하여 내면화할 것을 권합니다. 내면의 샘에 대한 성경 속 표상들이 우리 안에 스며들면 그 샘과 접촉할 것입니다. 내면의 샘은 우리를 살리는 샘, 치유하는 샘, 생기 있게 하는 샘, 열매 맺게 하는 샘입니다. 우리에게 성경 말씀이 필요한 것은, 말씀이 내면의 샘을 일깨우며, 다시 새로 솟아 흐르게 하기 때문입니다. 성경에서 하느님은 우리가 물을 긷는 참된 샘이십니다. 이 신적 샘에서 물을 길어 마시면 우리는 치유되고 건강해질 것입니다. 그러나 흐린 샘에서 나오는 물을 마시면 병들 것입니다. 우리 안에 있는 샘물을 잘못하여 쏟아 버리면 우리 삶은 열매 맺지 못합니다. 우리는 굳어 버리고, 우리 안에서 더는 아무것도 흐르지 않습니다. 생명의 물은 생기 있는 물이며, 또 우리를 생기 있게 하는 물입니다. 생명의 물은 저수 동굴에 고인 물처럼 맛이 변한 물, 맛을 잃은 물이 아닙니다. 언제나 하느님은 살아 계신 하느님이십니다. 우리가 그분의 샘을 흐르게 할 때, 그분의 샘에서 물을 길어 마시며 우리가 스스로 타인들을 위해 샘이 될 때, 비로소 그분은 우리에게 계속 살아 계십니다.

· 6 ·

내가 길어 올린 힘의 원천

영성 프로그램을 이끌다 보면 어느 샘에서 물을 긷고 있는지 질문을 받고는 합니다. 수도원 안에서 내가 맡은 소임과 또 밖에서 하는 활동에 대해 알게 되면, 늘 사람들은 일이 너무 많다고 말합니다. 그렇지만 개인적으로는 과도한 요구를 받고 있거나 스트레스가 쌓여 있다고 느끼지 않습니다. 그리고 나는 그게 내 덕이 아님을 잘 알고 있습니다. 지난날 어느 샘에서 물을 길어 왔고 지금도 어느 샘에서 물을 긷고 있는지 돌이켜 보면, 부모님과 동료 수도자들, 친구들을 통해, 그리고 결국 하느님을 통해 내가 받은 것들에 감사할 따름입니다. 하느님은 내 삶의 참된 샘이십니다.

나는 내 어린 시절에 감사함을 느낍니다. 나는 자신의 어린 시절이 항상 평탄했던 것은 아니라고 털어놓는 사람들을 많이 만납니다. 그들과 영적 동반을 하면 내 성장기와 성장 환경에 더 감사한 마음이 듭니다. 우리는 칠 남매였습니다. 언제나 무슨 일이 벌어졌고, 나는 혼자라고 느낄 틈이 없었습니다. 아버지는 신심 깊은 분이었고, 또한 당신 삶을 주도했습니다. 젊은 시절 아버지는 용기 내어 루르 지역에서 바이에른주로 이주했습니다. 그 이유는 단순했습니다. 가톨릭 축일인 주님 공현 대축일에 일을 해야 하는 게 화가 났기 때문입니다. 아버지는 낯선 환경에서 갖은 고생을 겪으며 사업을 벌였지만 거기에 매몰되지는 않았습니다. 그 시기에 아버지는 어린 우리와 늘 많은 시간을 함께 보냈고, 당신 나름으로 우리를 삶의 신비로 이끌어 주었습니다.

어머니는 실천적인 분이었습니다. 가계를 규모 있게 꾸려 나갔으며, 우리와 함께 생활 규칙도 정했습니다. 어머니는 신앙이 깊었지만 교리에 매이지 않았고, 편협하지도 않았습니다. 1971년, 나의 사제 서품을 앞두고 아버지가 세상을 떠나자, 어머니는 한층 더 내적 성숙을 이루었습니다. 어머니는 나이 들어 앞이 잘 보이지 않는데도 늘 삶을 즐겼습니다. 어머니는 당신의 직감에 따라 움직였고, 다른 사람에게 관대했습니다. 교회 생활에 성실했지만, 교황청의 입장에 언제나 동의하는 것은 아니었습니다.

부모님은 우리에게 굳건한 토대를 마련해 주었습니다. 물론 부모님에게도 결점은 있었습니다. 어린 우리가 그분들의 한계를 체험했더라도, 그것은 우리를 불안하게 하는 위협적 한계가 아니었습니다. 부모님은 우리에게 많은 것을 주었지만, 우리에게 필요한 것을 모두 다 주지는 않았습니다. 그래서 늘 결핍이 있었고, 나는 그 결핍을 나의 첫 심리학적 작업에서 고통스레 의식하게 되었습니다. 어린 시절 나는 내가 간절히 바라는 애정을 받고 있지 못하다고 느꼈습니다. 그렇지만 우리 형제자매들이 저마다 부모님에게 수용과 사랑을 받았다는 것은, 비록 그게 잘 표현되지 않았더라도, 분명한 사실입니다. 나에게 어린 시절은 내가 힘을 길어 낼 수 있는 중요한 원천입니다.

나는 어렸을 때 엉뚱한 생각을 많이 했습니다. 어느 날은 작은 연못이 만들고 싶었습니다. 집 짓는 일을 하던 한 어른을 조르고 졸라 시멘트 한 포대를 얻어 왔습니다. 그런 다음 내가 상상한 모습대로, 가운데는 섬으로 남겨 두고 그 주위로 도랑을 팠습니다. 시멘트에 물과 모래를 섞어 반죽을 만들고 그것으로 벽을 쳤습니다. 물고기와 풀은 근처 저수지에서 가져왔습니다. 그리고 그 연못 옆에 이렇게 적어 표지판을 세웠습니다. "섬 입장료: 10 페니히." 그때 이미 내게는 돈을 벌 줄 아는 창의적 소질이 숨어 있었습니다. 수도원에 들어온 뒤 나는 그 소질을 묻어 두려 했습니다. 그러한 모습은 나의 이상적인 수도자상에 부합하지 않았습니다. 그렇지만 아빠스는 그 소질을 수도원 소임에 활용해 보라고 권고했습니다. 그리하여 나는 그에 따른 소임을 맡아 돈을 창의적으로 다루었고, 사람들을 압박하지 않으면서 돈을 버는 법을 찾아냈습니다.

물론 여기서 중요한 것은 어린 시절 놀이를 어른이 되어서도 이어서 하는 게 아닙니다. 나는 어릴 적 놀이에서 내면의 샘에 대한 한 가지 표상을 인식할 수 있습니다. 나의 꿈은 집을 짓는 벽돌공이었습니다. 벽돌공이 되었다면 분명 많은 능력을 펼치지는 못했을 것입니다. 하지만 이제 나에게 집 짓기는 내가 쓰는 책에 대한 중요한 표상입니다. 나는 글로 집을 짓고 싶습니다. 사람들은 책을 읽으며 이해와 수용을 받고 싶어 합니다. 자신이 이해받았음을 아는 사람은 마음을 놓고 숨을 고를 수 있습니다. 그는 기운을 얻어서 제집에 있듯 편히 쉽니다. 그리고 그렇게 머무르며 자신에게 떠오른 생각이나 체험과 내적 대화를 나눈 뒤, 새 힘을 얻고 다시 밖으로 나섭니다. 이제 그는 자신의 삶을 스스로 만들어 가고 더 인간적인 세상을 세우기 위해 힘쓸 것입니다. 나는 글을 쓰는 동안 이 표상과 이로써 표현된 지향이 나에게 샘이 되어, 그 샘에서 단어들이 흘러나옴을 감지합니다. 내게 다른 목적이 있다면, 가령 편집장의 기대를 채우기 위해, 잘 팔리는 책을 만들기 위해, 무엇인가 완벽한 것을 담기 위해 글을 쓴다면 흐린 샘에서 물을 긷는 것이고, 나는 이내 탈진할 것입니다. 벽돌공과 집 짓기라는 표상은 내가 가치 있게 여기는 것들을 글을 쓰는 과정에서 구현하는 데 큰 도움이 됩니다. 그로써 나는 기쁨을 느끼며, 에너지를 빼앗기는 대신 스스로 힘을 얻습니다.

어린 시절 우리에게는 많은 자유가 주어졌습니다. 우리는 저마다 상상의 나래를 펼쳤습니다. 새로운 놀이와 장난을 쉼 없이 고안해 냈고, 손으로 무언가를 만드는 것도 좋아했습니다. 이런 자유에는 외적인 틀, 곧 일정 한도가 부여되었지만 우리는 이로부터 안전과 안정을 기대할 수 있었습니다. 또한 나는 나에게 주어진 문제들을 해결할 수 있다는 신뢰, 내 미래를 스스로 만들어 갈 수 있다는 자기 신뢰를 부모님에게서 물려받았습니다. 물론 타인들이 나를 어떻게 생각하는지도 정말 중요했고, 그 때문에 한동안 불안해했지만, 또한 나는 인식했습니다. 곧, 아버지가 마음 저 깊은 곳에서 자각한 바에 따라 살았음을 알았습니다. 나는 그 모습을 보고 자신의 삶을 살아가는 자유를 배웠습니다.

아버지는 우리가 하고 싶은 것을 하도록 내버려 두었습니다. 우리가 무엇인가 새로운 것을 떠올리면 언제나 자랑스러워하며 지지해 주었습니다. 열넷 혹은 열여섯 살 무렵, 우리 형제들이 오스트리아와 스위스로 자전거 여행을 떠났을 때 아버지는 당부의 말도 따로 하지 않았습니다. 우리가 이미 제 앞가림을 잘하고 있으며 무사히 집으로 돌아올 것이라고 그저 믿어 주었습니다. 이러한 믿음은 훗날 내가 청소년 사목을 할 때 도움이 되었습니다. 나도 아이들을 믿어 주었습니다. 행여 아이들이 엇나가지 않을까 불안해하지 않았습니다. 그 프로그램은 참여자가 많게는 삼백 명에 이르렀지만, 늘 무리 없이 진행되었습니다.

나는 내가 자란 본당에도 감사함을 느낍니다. 1947년 로흐함에 자리잡은 우리 본당은 전후 뮌헨 교구에서 세운 첫 본당입니다. 소박한 본당이었지만 그곳에 있으면 늘 마음이 편했습니다. 공동체도 활발했고, 주임신부님과 보좌신부님도 의욕적이었습니다. 나는 같은 또래의 친구들도 그곳에서 많이 만났습니다. 아직 어렸지만 나는 성탄과 부활 대축일, 성체 성혈 대축일에 장엄하게 거행되는 미사에도 마음이 열려 있었습니다. 그때 내 영혼 깊은 곳에서 무엇인가 움직였습니다. 성모의 밤 전례를 바칠 때 성당에 은은히 퍼진 꽃향기도, 아름다운 성모찬가도 나는 떠오릅니다. 전례를 바치는 사이 무엇인가 자애로운 것이 성당 안에 들어왔고, 나는 다 함께 기도를 바치는 모습에서 우리가 보호와 사랑을 받고 있음을 느꼈습니다.

나는 학교에도 감사한 마음입니다. 국민학교에 다닐 때 나는 배우는 게 즐거웠습니다. 나에게 배움은 부담이기보다 놀이였습니다. 나는 열 살 때 뮌스터슈바르차흐 인근에 위치한 상트 루트비히 기숙학교에 들어갔습니다. 학교는 집에서 300킬로미터 떨어진 곳에 있었고, 그래서 집에 왔다가 다시 학교에 돌아갈 때면 매번 힘들었습니다. 그래도 그 학교에서 좋은 선생님들을 만났습니다. 선생님들은 내가 어떻게 해야 효과적으로 잘 배울 수 있는지 가르쳐 주었습니다. 더불어 많은 것에 대해, 특히 수학과 언어, 음악에 대해 흥미를 일깨워 주었습니다. 어머니는 음악을 정말 좋아했지만 아버지는 아니었습니다. 그래서 그런지 음악 시간이면 나는 소질이 없다는 생각이 들었습니다. 그러다가 열네 살 때 첼로를 배우며 음악에 빠졌습니다. 나에게 첼로를 가르쳐 준 오토 신부님은 변성기에 목소리를 관리하는 법도 알려 주었는데, 신부님 당신은 완벽주의자가 아니었습니다. 그런데 그분에게는 학생들의 능력과 한계를 알아채는 직감이 있었습니다. 음악을 사랑하게 된 이후, 음악은 나에게 더없이 중요한 원천이 되었습니다. 요즘도 나는 시간을 따로 내어 바흐의 칸타타를 즐겨 듣고, 때로 온전히 음악에 빠지려고 헤드폰을 끼기도 합니다. 나는 바흐의 칸타타를 들으며 나의 영적 갈망과 접촉합니다. 그 음악이 나를 마음 저 깊은 곳으로 데려갑니다. 그리고 그곳에 이르러 무엇이 나를 정말로 지탱해 주는지, 무엇이 내 영적 양식이 되는지 알아차립니다. 모차르트와 베토벤, 하이든의 음악도 내 마음을 움직입니다. 나는 사무 업무를 보다가 이따금 화가 날 때면 모차르트의 오페라 「여자는 다 그래」나 「피가로의 결혼」을 듣습니다. 그런 생기 있는 음악을 들으면 화가 가라앉고 마음도 가벼워집니다.

내가 아버지에게 배운 것, 그리고 후에 기숙학교와 상급 학교에서 더욱 깊이 익힌 것은 명확한 규율이었습니다. 가령 운동선수는 패하기도 합니다. 그러나 패했다고 분노하지 않습니다. 그것이 선수의 태도입니다. 더불어 내가 운동선수에게 배운 바는 한 가지 일에 계속 정진하는 것이었습니다. 그리고 나는 김나지움에 다니며 무언가를 배우는 나만의 방식을 개발했습니다. 한 부분에 너무 오래 머무르지 않고 내적인 주의를 계속 다른 대상으로 옮겨 가는 것입니다. 내적 리듬에 따르는 이런 식의 시간 규율이 내게는 지금도 힘을 길어 내는 중요 원천입니다. 나는 내가 원칙에 얽매인다고 생각하지 않습니다. 원칙은 오히려 활동의 틀, 내 영혼에 부합하는 틀입니다.

나는 시간에 대해서는 괜찮은 규율을 지키고 있지만, 반면 내 책상은 정돈되지 않은 채로 무질서합니다. 이런 면도 아버지에게 물려받은 게 분명합니다. 성탄절이 다가오면 우리는 아버지의 책상이 필요했습니다. 어머니가 책상 위에 있는 것들을 전부다 치워 주면 우리는 크리스마스트리를 세우고 구유를 꾸몄습니다. 하지만 아버지는 해마다 애를 조금 먹었습니다. 성탄만 지나면 당신이 찾는 물건을 다시 찾지 못하는 경우가 많았습니다. 나는 이런 면을 아버지에게 왜 이어받았는지 모르겠습니다. 방을 깨끗이 정돈하거나 책상 위를 말끔히 치우는 것은 달리 할 일이 없을 때까지 한참 미루다가 겨우 하는 일입니다. 물론 그런 때는 드물게 찾아오고, 그래서 늘 여기저기 많은 게 널려 있습니다. 매일 받는 우편물에 대해서는 대개 즉시 처리하는 편입니다. 다만 발신자가 자신들의 필요에 따라 어떤 도서관 업무를 처리하고 적절한 문헌을 선별하기 위해 나를 이용하려 할 때나, 내게 무슨 소설을 요구할 때만 반발감이 들어 방치해 둡니다.

때로 수도 형제들은 나를 이해하지 못하겠다고 합니다. 어떤 문제들에 대해서는 내가 왜 그다지 격하게 반응하지 않는지, 왜 큰 소리로 항의하지 않는지 모르겠다고 합니다. 하지만 나는 이런 면 또한 아버지에게 배운 것임을 알고 있습니다. 아버지가 격렬히 맞서 싸운 영역이 있습니다. 당국으로부터 부당한 대우를 받고 있다고 생각할 때면 적극적으로 항의 서한을 써 보냈습니다. 그렇지만 여느 문제들에 대해서는 태연하고 침착했습니다. 어떤 문제들이 아버지에게 그리 중요하지 않았던 것은, 아버지가 그것들이 아닌 다른 원천에서 힘을 얻어 살았기 때문입니다. 어떤 문제들이 있더라도 그것들이 본질적인 것이 아니라고 인식하면 그것들에 큰 영향을 받지 않아 격분하지 않습니다. 이런 관점에서 아버지는 여전히 나에게 본보기입니다.

아버지가 내게 열어 준 또 다른 원천은 자연입니다. 아버지는 우리와 함께 숲길을 걷는 것을 좋아했고 새와 꽃들에 대해 설명해 줬습니다. 밤이 되면 하늘을 수놓은 별자리를 바라보게 했습니다. 지금도 자연은 내가 힘을 길어 올리는 원천입니다. 나는 산길이나 들길을 걷습니다. 나를 그저 자연에 맡깁니다. 자연을 눈으로 보고 코로 냄새 맡으며 귀로 듣고 몸으로 느낍니다. 나는 자연에서 창조주 하느님을 만납니다. 나 또한 그분이 창조하셨습니다. 그리고 나는 어머니처럼 자애로우신 하느님을 만납니다. 그분 곁에서 나는 보호받고 있음을, 사랑과 생기, 자비로 둘러싸여 있음을 느낍니다.

아버지는 어린 우리와 자주 대화를 나누었습니다. 당신이 살아온 삶에 대해 얘기해 주었고, 무엇이 당신을 움직였는지, 무엇이 당신으로 하여금 그런 삶을 살도록 충동했는지 들려주었습니다. 대화를 나누며 아버지는 늘 미지의 것, 신비로운 것을 지향하게 했습니다. 나는 지금도 사람들과 대화를 나누며 같은 기쁨을 종종 느낍니다. 그때 우리들은 자신을 넘어서는 무언가와 접촉합니다. 우리들은 무언가를 놓고 토론하지 않고, 무슨 지식을 교환하지도 않습니다. 우리들은 대화 중에 완전히 다른 차원에 이릅니다. 나는 여성들과 대화하다 큰 영감을 받을 때도 많습니다. 그때 우리들은 한순간 서로를 이해하게 되고, 서로 같은 것을 이야기합니다. 내 안에 있는 그 무엇, 그러나 나는 보지 못한 그 무엇을 상대가 일깨워 줍니다. 그 체험은 단지 내게 생기를 주는 것에 그치지 않고, 신비로 들어가는 문의 열쇠를 찾도록 나를 자극합니다.

나에게 독서는 어린 시절에 깊이 각인되어 있는 체험입니다. 아버지는 주일 오후면 책 속에 파묻혔습니다. 큰누나가 카를 마이의 소설을 막 읽기 시작했을 때, 한참 읽던 책이 가끔 사라지고는 했는데, 아버지가 읽으려고 가져갔던 것입니다. 그러다가 후에는 신앙 서적을 더 좋아했으며, 노년에 이르러서도 다른 사람들은 믿음과 삶을 어떻게 바라보고 어떻게 받아들이는지 알고 싶어 계속 그런 책을 읽었습니다. 또한 아버지는 여든여덟에 러시아어를 배웠는데, 그 나라와 그 나라 사람들의 특유한 정신에 매료되었던 것입니다. 사실 나는 청소년 시절에 책을 많이 읽는 편이 아니었습니다. 그때는 노는 게 중요했습니다. 그러나 지금은 독서가 중요한 원천이 되었습니다. 때로 어떤 책들에 사로잡히기도 합니다. 전에는 책을 읽으면 언제나 내용을 따로 정리해 두었습니다. 중요한 문장들에 밑줄을 그은 다음, 독서 카드에 옮겨 적었습니다. 그리고 갖가지 주제별로 분류하여 독서 카드 상자에 넣었습니다. 이제는 책에 빠져드는 것, 책을 읽으며 그 고유한 세계에 잠겨 드는 것이 더 중요합니다. 책마다 고유한 분위기가 있습니다. 그리고 나는 그 분위기에 잠기는 게 좋습니다. 내가 읽은 것을 실행하고 실현해야 한다고 스스로 압박할 필요가 없습니다. 어떤 책을, 가령 신비가나 교부들의 책을 읽는 것 자체가 이미 나 자신과 내 태도를 변화시킵니다. 물론 더 파고들어 공부해야 하는 책도 있고, 문장 하나하나가 내게 중요한 책, 새로운 통찰을 얻게 하는 책도 있습니다.

나는 감사하게도 또한 어머니에게 중요 원천을 물려받았습니다. 어머니는 실천적인 성향을 가진 분이었는데, 지금까지 여러모로 나에게 영감을 주는 본보기입니다. 어머니는 무슨 일이 일어나면 물러서지 않고 마주했고, 그 일이 잘 풀리도록 조정하여 결국 처리했습니다. 그리고 어머니는 일평생 낙천적 태도를 유지했습니다. 노년에 이르러 앞이 잘 안 보일 때도 한탄하지 않고, 오히려 항상 긍정적으로 생각하며 당신의 약점들을 유머 있게 받아들였고, 그렇게 정신적 건강을 지켰습니다. 어머니는 천성적으로 다른 사람들의 말에 귀 기울였습니다. 카리타스

Caritas(1951년 설립된 교황청 산하 국제 원조 기구_옮긴이) 기금을 모으기 위해 지역 주민을 방문할 때면 충분한 시간을 두고 그들과 대화를 나누었습니다. 가족을 떠나보내 슬픔에 잠겨 있는 집에 찾아가는 것도 주저하지 않았습니다. 그저 경청하며 몇 마디 대답만 했습니다. 결코 가르치려 들지 않았고, 대신 이해하고 공감했습니다. 어머니에게는 사람들과 대화하는 당신만의 감각이 있었습니다. 그리고 어떻게 하는 게 좋을지 그들의 마음을 일깨우는 감각도 있었습니다. 그것은 단순한 호기심이 아니라, 인간에 대한 깊은 관심이었습니다. 어머니는 당신이 그들을 이해한다는 것과 그들을 위해 기도한다는 것, 고통에 대처하는 방법이 있다는 것을 전해 주려 했습니다.

오늘날 나는 무엇보다 나의 수도승생활에서 힘을 길어 올립니다. 하루의 시작과 함께 가장 먼저 주어진 3시간은 침묵과 기도, 묵상의 시간입니다. 이 3시간은 하느님에게 속하며, 동시에 나에게 속한 시간입니다. 이 시간은 나 자신에게 머무는 시간이며, 내 삶의 참된 원천이신 하느님에게 마음을 여는 시간입니다. 아무리 할 일이 많더라도, 이 시간은 거룩한 시간, 그 무엇으로도 방해받지 않는 시간입니다. 기도 시간으로 만들어진 하루의 리듬은 나에게 중요한 뼈대이며, 그 뼈대에 의지하여 나는 중심을 잃지 않고 내적 원천과의 연결을 유지할 수 있습니다. 더불어 시편낭송도 나에게 중요합니다. 물론 시편 낭송은 때로 힘이 들기도 합니다. 특히 합송이 잘 안 맞을 때는 더 그렇습니다. 그러나 보통 나는 저녁기도 때 30분 동안 시편을 낭송하는 것을 좋아합니다. 그리고 때로는 그 시간이 이런저런 일이 많음에도 나에게 허락된 호사처럼 느껴지기도 합니다. 나는 기도 시간을 굳게 지킴으로써 내가 하는 일을 한 걸음 물러서서 바라보고, 무엇이 본질적으로 중요한지 상기합니다. "모든 일에 있어 하느님께서 영광을 받으시도록."

수도승으로서의 영적 여정도 내 삶의 중요 원천이 되었는데, 이는 동료 수도자들, 특히 수련기 때 나를 이끌어 준 아우구스틴 하너 신부님 덕입니다. 하너 신부님은 타고난 오르간 연주자이자 스승이었습니다. 신부님은 전형적인 수련장이 아니었습니다. 당신부터 수도승 영성을 파고들어 공부하는 분이었습니다. 신부님은 당신의 수도승 영성을 사셨고, 나는 많은 것을 본받아 익혔습니다. 나는 어린 시절부터 전례를 사랑했는데, 신부님에게 배우며 더 사랑하게 되었습니다. 전례력에 따른 여러 축일에 대해 설명할 때면, 신학을 강의하는 게 아니라 당신의 체험을 우리에게 들려주었습니다. 그때 내 마음에 크게 와닿은 것은 모든 성인 대축일에 대한 설명이었습니다. 신부님은 군인 시절 들판에서, 지금의 수도 형제들과 그 축일에 다음과 같은 후렴과 함께 저녁기도를 바쳤던 모습을 떠올렸다고 말했습니다. "나는 아무도 수를 셀 수 없을 만큼 큰 무리를 보았네"(Vidi turbam magnam). 나는 이 후렴을 낭송할 때마다 신부님의 말씀이 생각납니다. 이 같은 관점에 눈을 뜨면 이 세상이라는 전장 위로, 그리고 나의 개인적인 투쟁 위로 하늘이 열립니다. 그러면 나를 이리저리 몰아대는 근심과 걱정, 문제들을 한 걸음 비켜서서 바라볼 것입니다.

매일 거행하는 성체성사 또한 내 원천입니다. 당연히 나도 분심이 들거나 개인적 상념과 문제들에 붙들릴 때가 있습니다. 그렇지만 성체성사를 거행할 때 나는 변화의 지점을 체험합니다. 성체성사가 내 안에 있는 모든 것이 변화되고 달리 해석되는 지점이 됩니다. 죽음과 어둠, 굳은 마음이 부활과 빛, 희망의 지점으로 변화합니다. 성령 청원 기도를 바칠 때 나는 빵과 포도주의 예물 위에, 나의 일상 위에 두 손을 펴 얹습니다. 그리고 성령께 나의 일상을 변화시켜 주십사, 내가 매일같이 씨름하는 것에서 성령의 샘이 솟아 흐르게 해 주십사 간청합니다. 나는 무엇보다 영성체를 통해 예수 그리스도를 가장 가깝게 만납니다. 이때 나는 그리스도가, 그리고 그분의 영이 내 안으로 밀고 들어오시는 모습을 마음에 그립니다. 그분의 영은 내가 온종일 힘을 길어 올리는 원천입니다. 영성체 때 나는 내 삶에서 중요한 게 무엇인지 깨닫게 됩니다. 중요한 것은 내가 무언가를 이루는 게 아니라,

예수 그리스도와 그분의 영에 나를 여는 것입니다. 나는 예수님에게 당신의 영이 나의 말과 행동으로 들어오게 해 주십사 청합니다. 그러면 나의 삶이 다른 맛을 냅니다. 그리고 스스로에 대한 압박에서, 내가 오직 친절의 기운, 내적 평정의 기운만 발산해야 한다는 압박에서 벗어납니다.

사람들을 상담하다 보면 막힐 때가 있습니다. 상담이 잘 풀리지 않겠다는 생각이 들면 나는 하느님의 영에 나를 열게 해 달라고 짧게 기도를 바칩니다. 그리고 내가 성체성사에서 체험하는 바를 떠올리려 합니다. 이는 내가 타인의 감정에 전염되지 않도록, 그 감정에만 반응하지는 않도록 막아 줍니다. 또한 내가 상대에게 더 민감하게 주의를 기울이게 해 줍니다. 나는 타인을 설득하거나, 내 생각을 관철해야 한다는 압박에서 벗어납니다. 나는 상대와 관계를 맺으며, 나와 상대 가운데서 다른 영이 불고 있음을 믿습니다. 과거에는 상담 중에 해결되지 않은 채로 남아 있는 문제들에 매달렸습니다. 그 문제들은 마치 바위처럼 나를 내리눌렀고, 내게서 많은 힘을 빼앗아 갔습니다. 영성체를 원천으로 삼아 삶을 살아가면 일상이 달라집니다. 한결 덜 고됩니다.

내가 하루하루 힘을 길어 올리는 원천들에 감사한 마음입니다. 부모님과 스승님, 동료 수도자들이 나에게 이 원천들을 가르쳐 주었습니다. 나는 이것들이 나의 공로가 아니라 하느님의 선물임을 알고 있습니다. 나는 이 샘들에서 솟는 물을 마시며 이것들이 선물임을 받아들입니다. 여기서 내 원천들에 대해 하나하나 이야기한 것은, 이로써 독자들도 자신의 삶을 살펴보고, 하느님이 선사하신 원천들을 찾아보기를 바라는 마음에서였습니다.

·7·

당신의 고유한 원천을 찾아라

누구도 타인의 삶을 모방할 수 없습니다. 저마다 자신의 고유한 원천을 발견해야 합니다. 사랑하는 독자여, 당신도 자신의 고유한 원천을 찾아내기 바랍니다. 당신의 고유한 삶을 지지하고 지원하는 모든 것에 주목하십시오. 찾아 나서십시오. 그리고 찾아 나설 때는 어린 시절부터 시작하십시오.

당신이 아이였을 때 어디에서 에너지가 솟아 흘렀습니까? 당신은 어떤 상황에 있을 때 시간 가는 줄 모르고 자신을 잊었습니까? 어린 시절 당신은 침묵을 찾아 어디로 물러났습니까? 당신이 가장 좋아한 놀이는 무엇이었습니까? 당신은 무엇에 열광했습니까? 그리고 무엇에 힘을 쏟았습니까?

부모님은 당신에게 어떤 원천을 주셨습니까? 당신은 아버지와 어머니에게 무엇을 배웠습니까? 아버지는 자신의 삶을 어떻게 살아 냈습니까? 어머니는 무엇으로 살아갔습니까? 당신은 아버지와 어머니에게 물려받은 뿌리들 가운데 어느 것에 감사한 마음입니까? 당신은 부모님과 조부모님에게 건강한 뿌리를 물려받았습니까? 그로부터 당신 삶의 나무가 잘 자라났습니까? 아니면 당신이 물려받은 뿌리들이 상하거나, 아예 죽은 것만 같습니까? 만일 그렇다면 당신은 삶의 뿌리를 어디에 내렸습니까?

이런 물음들을 좇아갈 때, 당신은 자신의 감정을 신뢰해야 합니다. 온전히 자신으로 존재했던 순간, 자신과 일치를 이루었던 순간, 행복했던 순간, 만족했던 순간을 찾는 작업을 버거워하는 사람들도 있습니다. 하지만 일단 어린 시절을 회상하기 시작하면 당신이 무엇을 가장 좋아했는지, 어떤 상황에서 자신을 가장 잘 느꼈는지 보여 주는 장면들이 이내 떠오를 것입니다. 여기서는 어렸을 적 사진들을 꺼내 보는 것도 도움이 됩니다. 사진 속에서 당신에게 다가오는 그 해맑은 웃음을 신뢰하십시오. 그때 당신은 온전히 자신으로 존재했습니다. 사진 속에서 당신은 당신 안에 잠재되어 있는 측면, 지금은 묻혀 있지만 다시 파낼 수 있는 측면과 만납니다.

샘은 흐르려 합니다. 당신은 샘물을 자신을 위해서만 가두어 둘 수 없습니다. 샘물은 흘러야 신선하고 우리에게 생기도 줍니다. 그렇지 않으면 샘물은 맛을 잃으며 그 힘도 잃게 됩니다. 샘은 당신 안에서 흐르려 합니다. 하지만 동시에 당신으로부터 흘러 나와 타인에게로 흘러들려 합니다. 지금 당신의 에너지는 어디에서 흐르고 있습니까? 당신 안에서 생명이 흐르는 곳, 그곳에서 당신은 당신 생명의 근원과 접촉할 수 있습니다. 지금 이 순간 당신은 생명이 흐르지 못하고 막혀 있다고 느낄지도 모릅니다. 그렇다면 당신의 에너지가 어디로 흐르려 하는지 머릿속에 그려 보십시오. 무엇이 당신을 생기 있게 해 줍니까? 외국에서 보내는 멋진 휴가입니까? 아니면 당신이 기꺼이 해 보고 싶은 어떤 일입니까? 아니면 어떤 창의적인 활동입니까?

당신이 정말 하고 싶은 것을 일단 꿈꾸십시오. 당신의 꿈이 비현실적이라며 그 가치를 곧바로 깎아내리지 마십시오. 꿈을 꿀 때 중요한 것은 자신이 원하는 모습을, 실현 가능성부터 따지지 않고 우선 허용하는 것입니다. 그런 다음에야 그것을 구체적으로 실행할 수 있을지 숙고할 일입니다. 당신은 현재 자신이 하고 있는 일에서 꿈을 이룰 수 있습니까? 아니면 다른 일을 알아봐야 합니까? 어쩌면 그 꿈이 당신이 현재 하고 있는 일에 대한 꿈, 곧 이상입니까? 그렇다면 그 이상은 당신 안에 다시 에너지가 흐르게 하는 데 도움이 될 것이고, 당신의 직무나 직업에 동기를 부여할 것입니다. 그러한 이상은 당신의 행동을 의미 있게 하고, 새로운 기쁨을 선사해 줍니다. 이상은 당신 안에서 무엇인가 움직이게 만듭니다.

당신의 삶을 더 가까이 들여다보십시오. 이따금 우리는 가정이나 다른 집단에서 자신이 하고 있는 일과 처한 상황에 대해 다시 생각해 보기 마련입니다. 그리고 그 모든 것이 아무 문제가 없는지 스스로 묻기 마련입니다. 무엇이든 타성이 붙으면 우리에게서 에너지를 빼앗아 갑니다. 지금까지와 마찬가지로 계속 일을 하며 살겠지만 더 이상 아무런 열정도 열의도 없습니다. 에너지가 흘러나오는 활동이 있는 한편, 빼앗아 가는 활동도 있습니다. 당신은 자신이 직장과 일상에서 행하는 모든 것을 에너지를 주는 활동과 뺏는 활동으로 구별해 볼 수 있습니다. 그렇게 해 보면 무엇을 할 때 내적 원천과 접촉하고 무엇을 할 때 접촉하지 못하는지 식별할 것입니다. 그 누구도 에너지가 흐르는 활동만 골라 할 수 없습니다. 타성이나 관성도 삶의 일부입니다. 그럼에도 당신은 에너지를 빼앗는 그 활동이 정말 필요한 것인지 자문할 수 있습니다. 만약 불가피한 것이라면 당신은 그 단순한 일, 그 내키지 않는 일에서도 동기를 찾아야만 할 것입니다.

당신이 어떤 고유한 사명을 받고 파견되었는지 늘 자신에게 물으십시오. 당신 삶의 의미는 무엇인지 적어 보십시오. 삶의 의미는 내면의 샘이 솟아 흐르게 하는 결정적 동인입니다. 우리는 자신만을 위해 사는 게 아닙니다. 우리 삶의 의미는 자신의 무사안녕에 있지 않습니다. 이것은 우리를 아무런 열매도 맺지 못하는 자기 집착으로 이끌 것입니다. 물론 자신의 안녕을 묻는 것은 중요합니다. 우리는 자신의 본성에 반하는 일은 하지 말아야 합니다. 또한 외부적인 일에 힘을 쏟을 때는 당연히 자신도 살펴야 합니다. 영성 전통은 우리에게 거듭 말합니다. "너 자신의 영혼을 살펴라!" 이 말은 자기애적 고착을 의미하지 않습니다. 샘물이 우리에게서 흘러나와 다른 사람들에게도 삶의 도움이 되어야, 비로소 우리는 진정으로 안녕감을 느끼기 때문입니다. 그러나 어떤 사람들은 자신에게 도움이 되는 것, 자신에게 무언가를 가져다주는 것만 찾아다닙니다. 그러한 욕심 탓에 그들은, 예컨대 이런저런 연수를 끊임없이 받거나, 또 다른 직업교육을 받습니다. 그렇지만 그것들은 무언가를 그저 대체하기 위한 활동처럼 보입니다. 경영학에서는 '입력'(input)과 '출력'(output)에 관해 말합니다. 그런데 그저 입력만 하다가 사레가 들린 사람들도 있습니다. 그들은 자신 안에 갈수록 더 많은 것을 집어넣지만, 밖으로 내놓은 것은 아무것도 없습니다. 아무것도 더 이상 흐르지 않습니다. 그러니 가진 것을 나누십시오. 당신의 능력을 밖으로도 내놓으십시오. 당신의 고유한 능력을 신뢰하고, 당신의 고유한 가능성을 발견하십시오. 그리고 그것을 다른 사람들과 나누십시오. 그러면 당신의 삶이 당신의 샘에서 얻는 것이 더불어 다른 사람들에게도 큰 도움이 될 것입니다.

어떻게 하면 당신 자신이 다른 사람들에게 복이 될 수 있을지 스스로 물으십시오. 파견이라는 성경적 개념은 당신의 삶에도 중요합니다. 우리 그리스도인은 하나의 사명을 완수하기 위해 이 세상에 파견되었습니다. 하느님이 아담과 하와에게 주신 본래 사명은 다음과 같습니다. "자식을 많이 낳고 번성하여 땅을 가득 채우고 지배하여라"(창세 1,28). 이 말씀은 그들이 아이들을 얻는다는 것만 아니라, 그들의 삶이 이 세상과 인류를 위해 열매를 맺는다는 것도 의미합니다. 구원의 역사가 시작될 때 하느님은 아브라함에게 사명을 주시며, 또한 약속하십니다. "너는 복이 될 것이다"(창세 12,2). 그렇습니다. 우리의 사명은 서로에게 복이 되는 것입니다. 그리고 우리는 저마다 나름의 방식으로 이 사명을 수행할 것입니다. 누군가는 획기적 발명으로 인류에게 복이 됩니다. 누군가는 정치 지도자로서 국민의 안녕에 기여합니다. 또 누군가는 길이 남을 만한 가치 있는 작품을 만들어 냅니다. 이는 행위와 업적, 공익만 의미하지 않습니다. 자신의 존재 자체, 자신이 발산하는 고유한 빛으로 복이 되는 사람들도 많습니다. 자주 우울에 빠졌던 한 남성은 내게 이렇게 말했습니다. 작은 가게에 물건을 사러 갔을 때, 점원이 친절히 말을 걸어와서 갑자기 대화도 나누게 되었는데, 기분이 한결 좋아졌다는 것입니다. 누구나 고유한 빛을 발산하고, 당신도 그렇습니다. 누구나 다른 누군가의 어둠에 빛이 될 수 있습니다. 우리는 날마다 사람들을 만나며 자신의 고유한 자취를 남깁니다. 이 자취는 온갖 모습으로 새겨질 수 있습니다. 불만족한 모습이나 성난 모습으로, 또는 다정한 모습이나 온화한 모습으로, 다른 사람에게 용기를 주는 모습이나 생기를 주는 모습으로, 다른 사람을 자유롭게 해 주는 모습으로 새겨질 수 있습니다. 긍정적인 모습을 남기겠다고 결심하십시오. 그것은 당신은 물론 다른 사람들에게도 유익이 될 것입니다.

자신을 타인과 비교하지 마십시오. 타인이 더 큰 것을 이루었다며, 스스로를 비하하지 마십시오. 당신이 이룬 업적에 대해서만 물음을 던지지 마십시오. 정작 중요한 것은 다음 물음입니다. 당신은 이 세상에 생기와 의미를 어떻게 전하고 있습니까? 자신의 행위와 자신의 존재로 어떤 삶의 자취를 새겨 놓고 있습니까?

나는 영적 동반을 하며 가끔 과제를 내주는데, 이는 아마 당신에게도 좋은 연습이 될 것입니다. 이렇게 상상해 보십시오. 당신은 죽음을 앞두고 친구에게 편지를 씁니다. 당신의 삶에 대해 말하고 싶은 것을 거기에 씁니다. 여기서 주제는 어떤 교훈을 남기는 게 아니라, 자신의 실존으로 무엇을 표현하고 싶은지 질문을 던지는 것입니다. 당신은 무엇을 증언하고 싶습니까? 당신 자신을 증언하고 싶습니까? 아니면 무엇인가 더 큰 것, 예컨대 사랑이나 자비하신 하느님을 증언하고 싶습니까? 사람들이 당신과 당신의 삶에서 무엇을 알아낼 수 있습니까? 당신이 사람들에게 남기고 싶은 말은 무엇입니까? 당신이 떠난 뒤 사람들은 당신에 관해 무슨 말을 하겠습니까? 당신은 사람들에게 어떤 맛을 남겨 놓고 싶습니까? 당신은 사람들의 마음속에 어떤 모습의 삶을 새겨 주고 싶습니까? 물론 우리에게는 항상 다양한 층위의 동기들이 있으며, 그것들은 결코 하나의 동기로 축소되지 않습니다. 그럼에도 당신의 삶을 움직이는 가장 깊은 층위의 동기가 무엇인지 자문하는 것은 중요합니다. 당신은 아침마다 왜 그렇게 힘들게 일어나는 것입니까? 부득이한 일이라서, 돈을 벌어야만 해서 하게 되는 습관적 행동일 뿐입니까? 아니면 다른 깊은 동기가 있습니까? 당신은 자신의 삶으로 사람들에게 결국 무엇을 전하고 싶습니까?

당신은 자신의 삶을 위해 이에 대한 표상이 필요합니다. 그러면 당신 안에서 샘이 솟아 흐르기 시작할 것입니다.

당신이 어떤 사명에 파견되었는지 묻는다고 할 때, 이는 당신이 온 세상을 바꿔 놓아야 한다는 의미가 아닙니다. 우리는 저마다, 또한 당신도 이 세상을 함께 만들어 가고 있습니다. 저마다 발산하는 빛과 발화하는 말과 전파하는 기운으로, 저마다 표현하는 생각과 감정으로 이 세상을 함께 만드는 것입니다. 우리에게 온 세상에 대한 책임이 있는 것은 아닙니다. 그러나 자신을 둘러싼 주위 세상에 대해서는 책임이 있습니다. 우리는 물속에 던진 작은 돌이 둥글게 물결을 그리듯이 주위에 영향을 미칩니다. 한 여성이 나에게 말했습니다. "이 세상을 위해 제가 무엇을 해야 할까요? 저는 우울합니다. 제 우울증을 다스리기 위해 있는 힘을 다해 싸워야 합니다." 저는 이렇게 답했습니다. "이 세상을 위해 무언가를 해야 한다며 자신을 압박하지 마십시오. 당신이 이 세상을 기쁨으로 가득 채울 필요는 없습니다. 당신에게 주어진 과제는 우울증과 화해하는 것입니다. 그러면 병을 이겨 낸 끝에 당신은 이 세상에 온유와 희망의 빛을 발산할 것입니다. 이 세상이 당신을 통해 더 밝아지고 온전해질 것입니다. 당신은 다른 선택을 할 수도 있습니다. 주위 사람들이 나를 이해하지 못한다며, 나의 우울증은 그들 탓이라며 그들을 끊임없이 비난하는 것입니다. 그럴 경우 당신은 죄책감과 불만족을 전파할 것입니다."

우리는 저마다 자신에게 닥친 일에 대응할 책임이 있고, 이 책임은 당신도 짊어져야 합니다. 당신은 삶에서 마주한 불행과

화해할 수 있으며, 이로써 변화할 수 있습니다. 그런데 당신은 억울해하며 분노할 수도 있습니다. 그러나 우리가 무언가를 억울하게 여겨 분노하면 우리에게서는 억울과 분노만 나오고, 우리 안에 어둠이 있으면 우리를 둘러싼 세상도 어두워지기 마련입니다. 당신이 파견된 것은 이 세상을 더 밝게 만들기 위해서입니다.

특히 당신이 결단을 내려야 하는 상황에 처한다면, 자신이 어떤 사명에 파견되었는지 끊임없이 의식적으로 물으십시오. 파견은 우리 삶을 의미 있게 합니다. 독일어에서 '파견'(Sendung)이라는 말은 '의미'(Sinn)와 같은 어원을 가졌으며, '길을 떠나다', '여행하다'라는 말과 연관이 있습니다. 파견은 당신을 일단 떠나게 합니다. 그리고 그 길에서 당신은 목적지로 가는 방향을 발견합니다. 파견은 당신 안에 있는 샘에서 물이 솟아 흐르게 합니다. 파견은 당신을 아무 열매도 맺지 못하는 자기 구속 상태, 고립 상태에서 빠져나오게 합니다. 삶은 흘러야 합니다. 바로 이것이 당신이 진정으로 안녕감을 느끼기 위한 전제 조건입니다. 당신의 삶이 다른 사람들에게 복이 되면, 당신이 무언가를 준 사람들에게 당신도 무언가를 받을 것이며, 또한 감사의 말도 들을 것입니다. 물론 우리가 감사의 말을 듣거나 관심을 받으려고 무언가를 주는 것은 아닙니다. 내면으로부터 충동을 느껴서 주는 것입니다.

그런데 그렇게 무엇인가 흘러가고 흘러오는 사이, 당신은 생기를 얻고 주위 사람들의 내면에는 생명이 깨어날 것입니다. 그 체험이 당신을 오래도록 기쁨과 감사로 가득 채워 줄 것입니다. 그러니 당신의 감정에 귀 기울이십시오. 탈진했다면, 억울과 분노를 느낀다면, 이용당했다는 기분이 든다면, 예민해지고 과민해졌다면 그것은 신호입니다. 당신이 사명을 수행할 때 성령의 샘, 맑은 샘에서 물을 긷지 않았다는 신호, 다른 동기들이 뒤섞여 들어왔다는 신호입니다. 곧, 명예욕과 지배욕, 우월감이 섞여 있는 것입니다. 자신을 항상 정직하게 마주하며, 영의 식별을 수련하십시오. 그러면 다른 사람들에게 헌신할 때, 내면의 샘에서 물을 길어 올릴 것입니다. 이 샘은 결코 마르지 않습니다. 이 샘은 신적이기 때문입니다.

독자 여러분, 당신이 자신의 고유한 원천을 발견하는 데 성공하기를 기원합니다.

당신이 이 책을 읽으면서 자신 안에 있는 흐린 샘을 더 정확히 자각하고, 이를 통과하여 더욱 깊이 파 내려가 당신 영혼의 근원에 이르기를 바랍니다. 여기서 당신은 성령의 샘, 그 맑고 순수한 샘을 발견할 것입니다. 이 샘은 당신을 살리는 샘, 생기있게 하는 샘, 강해지게 하는 샘, 정화하는 샘, 열매 맺게 하는 샘이며, 이 열매는 많은 사람에게 기쁨이 될 것입니다.

흐린 샘과 맑은 샘의 표상, 어린 시절 길어 올린 샘의 표상, 당신 영혼 저 깊은 곳에서 솟는 성령의 샘의 표상은 당신의 삶을 열매 맺게 할 것이며, 그리하여 당신에게서 생기와 너른 안목, 자유와 사랑, 풍요와 축복이 나와 당신의 주위를 이롭게 할 것입니다.

Jeanne ACHTERBERG, *Gedanken heilen. Die Kraft der Imagination*, Hamburg 1990.

Aaron ANTONOVSKY, *Salutogenese. Zur Entmystifizierung der Gesundheit*, hrsg. von Alexa FRANKE, DGVT 1997.

John BRADSHAW, *Das Kind in uns. Wie finde ich zu mir selbst*, München 1992.

Christoph JACOBS, *Salutogenese. Eine pastoralpsychologische Studie zu seelischer Gesundheit, Ressourcen und Umgang mit Belastung bei Seelsorgern.* Dissertation an der Universität Passau 1999.

Verena KAST, *Lass dich nicht leben – lebe! Die eigenen Ressourcen schöpferisch nutzen*, Freiburg 2002.

——, *Abschied von der Opferrolle. Das eigene Leben leben*, Freiburg 2003.

Reinhard KÖRNER, Gedächtnis in: *Lexikon der Spiritualität*, Freiburg 1988, Sp. 454ff.

Lothar KUSCHNIK, *Lebensmut in schwerer Krankheit. Spirituelle Begleitung bei Krebs*, München 2002.

Alfried LÄNGLE, *Sinnvoll leben. Logotherapie als Lebenshilfe*, Freiburg 2002.

Henri J. M. NOUWEN, *Von der geistlichen Kraft der Erinnerung*, Freiburg 1984.

Luise REDDEMANN, Ressourcenorientierung – wozu? Aus der Sicht der Traumatherapie, in: WAP, Dynamik der Gefühle – ressourcenorientiert leben. Vorträge zur 18. Arbeitstagung vom 22. bis 26. März 2003, 37-46.

Eckhard Schiffer, Lebensfreude in Intermediärräumen als salutogenetisches Moment, Ebd 47-58.

살면서 탈진하거나 내적 공허를 느끼고, 이런 것들이 삶의 기쁨
을 앗아 간다는 체험은 누구나 한번쯤 했을 겁니다. 탈진하면 모
든 게 불만족스럽고 창의성을 잃게 됩니다. 자기 자신을 더는 감
지하기도 어렵습니다. 이럴 때는 가까운 사람들과 대화를 나누
는 것이 도움이 될 수 있습니다. 그것은 위기를 겪는 이들에게도
살아가는 데 큰 힘이 될 것입니다. 그렇지만 자신이 처한 상태를
객관적으로 바라보고 자신을 인식하며, 그러면서 자기 자신을
도울 만한 길을 찾아내는 것도 현명한 방법이라고 생각합니다.

오늘날 많은 사람이 바쁜 일상에 치여 살면서 신체적 · 정
신적 · 심리적 어려움을 겪으며 과도한 스트레스에 빠져 있습니

다. 그러면서도 새로운 희망에 대한 갈망을 지닙니다. 그렇습니다. 누구에게나 이 같은 내적 힘의 원천이 있습니다. 긴장된 삶을 살면서 우리가 어떻게 우리 안에 있는 이 자원과 샘에 다가갈 수 있는지, 그리고 그것이 솟아나게 할 수 있는지 저자는 여러 각도에서 구체적으로 제시합니다. 특히 성경과 심리학을 토대로 '현대적인' 방식으로 기술하고, 자신의 풍성한 체험을 비롯해 강연 및 피정 지도를 통해 얻은 경험들, 다양한 사례도 곁들이며 내용을 흥미롭게 펼쳐 갑니다.

많은 사람이 탈진하는 것은, 그들이 흐린 샘에서 흘러나오는 물로 살기 때문이라고 저자는 말합니다. 흐린 샘에 속하는 명예욕, 완벽주의, 파괴적인 삶의 패턴 따위가 우리 영혼을 갉아먹습니다. 그러나 우리 각자에게는 맑은 샘, 깨끗하고 신선하고 열매를 맺게 해 주는 샘도 있습니다. 어린 시절의 즐거웠던 체험, 자신을 잊고 놀이나 어떤 일에 푹 빠졌던 체험이 맑은 샘에 속합니다. 또한 성령의 샘과 다양한 영적 방식을 통해서도 새로운 힘을 길어 낼 수 있습니다. 여기서 "나는 어느 샘으로 사는가?" 하고 물으며 자신을 돌아보게 됩니다.

이처럼 이 책은 자신을 돌아보도록 일깨우고 내적 원천을 찾아내어 그것을 활용하라는 메시지를 전해 줍니다. 따라서 이 책의 주제는 매우 시의적절하다고 봅니다. 탈진, 우울, 스트레스와 같은 현상은 당사자에게는 물론 공동체와 사회에도 안 좋은 영향을 미치니 이같이 바람직하지 않은 면은 바로 고치도록 애써야겠지요.

이 책을 통해 시야를 더 넓히며 전체를 바라보게 되고, 내면에 잠재된 좋은 원천과 자원들을 활용하며 더 바람직한 삶을 살아야겠다고 결심하게 됩니다. 특히 저자 자신이 길어 낸 힘의 원천에 관한 장의 내용이 개인적으로 큰 울림을 줍니다.

모쪼록 내적 힘을 얻으며 각자의 자리에서 '도전하는 삶'을 살기 위해 함께 노력하면 좋겠습니다.

2020년 봄
황미하